F f

M m

A a

R r

W w

H h

Sch sch

Au au

P p

j

Ä ä

C c

Qu qu

β

x

eu

y

TAXI

Der ABC-Fuchs

eine Fibel für das Lesenlernen im offenen Unterricht

von
Peter und Ursula Dassau
Karl Wolfgang Walther

Illustrationen von
Rolf Bunse

Ernst Klett Grundschulverlag
Leipzig Stuttgart Düsseldorf

U u

Uli

U l i

Uli

Susi

Susi

S u s i

S s

Uli
Susi
Lili
Isa

Isa

Uli

I i

Isa

I s a

Lili

Lili

L l

5

Fimu Ulf

F f

Fimu				Ulf		
F	i	m	u	U	l	f

Uli

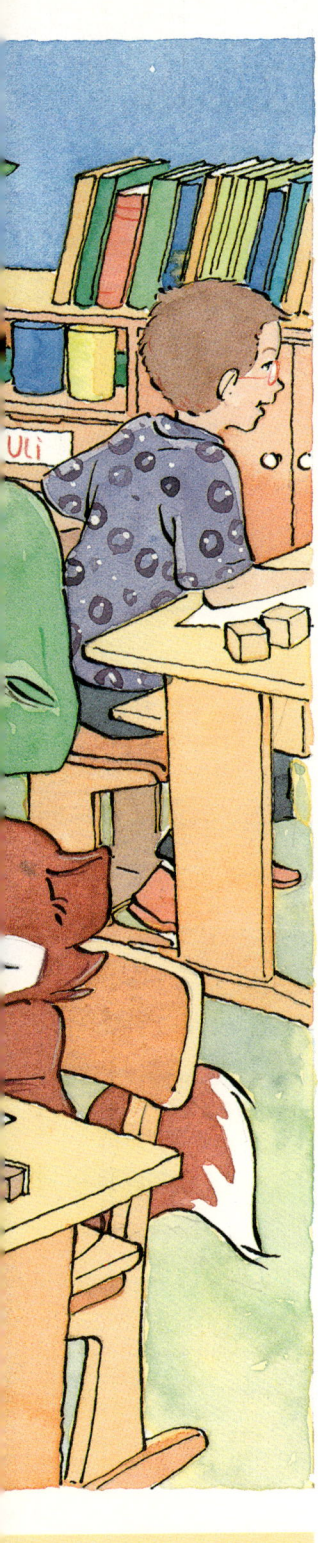

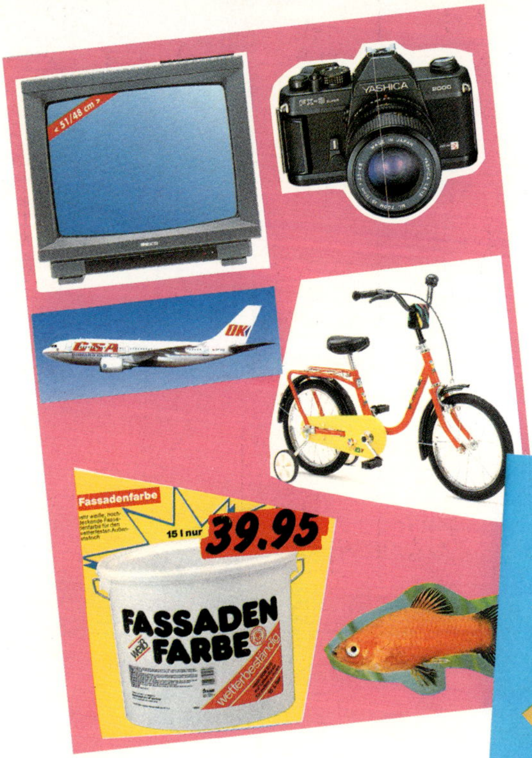
YASHICA
Fassadenfarbe
39.95
FASSADEN
FARBE
wetterbeständig

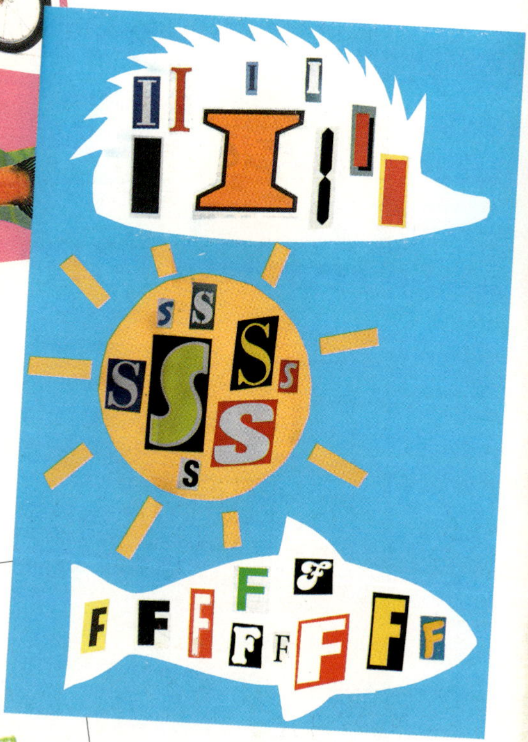

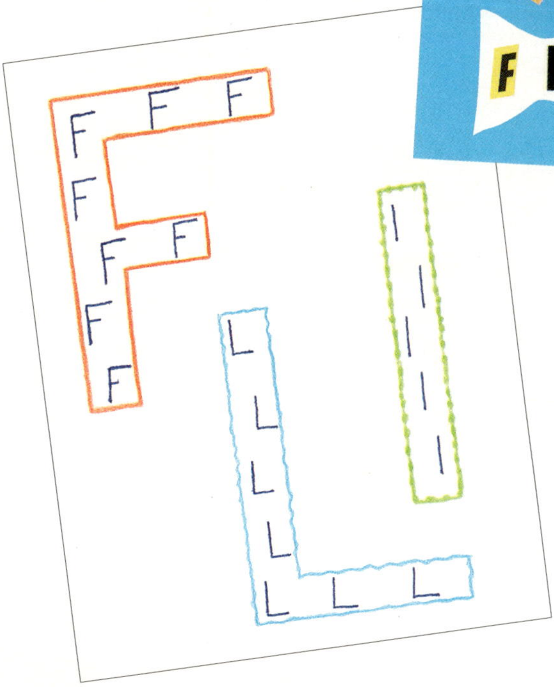

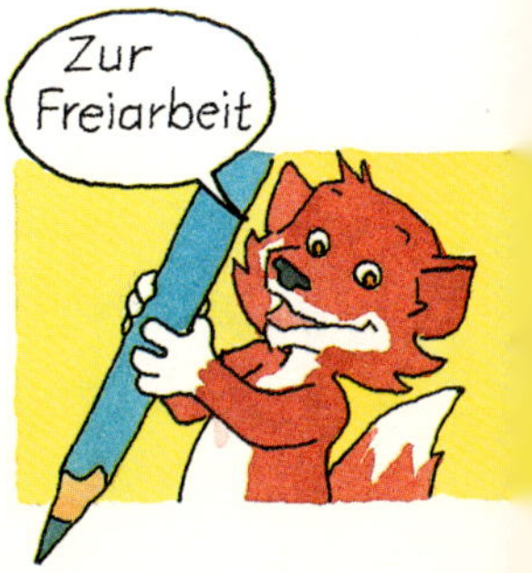
Zur
Freiarbeit

Mama am

Uli am

Mm

Mama

M a m a

Ali am

Susi am

l i l a

A a

Fimu

Mama

Uli

Susi

Uli Susi Lisa Lili Fimu Ulf Mama Ali

Lili

Zur Freiarbeit

F i m u
F i m
F i
F
F i
F i m
F i m u

Mama

Susi

11

Uta ist im .
Tim ist im .
Uta ist mit Tim im .
Fimu mit

Uta Tim

U t a T i m

Uli ist mit Ali am .

Tim

Uta

Talweg →

8

Amil
Aman
Sust
Tamm

Obst-und Gemüsemarkt
SUTAM

salat

Tt

Oma ist mit Susi im .

Momo ist im .

O, Omas 👒 !

Omas  ist im .
Momo, los!

Momo mit Omas lila

16

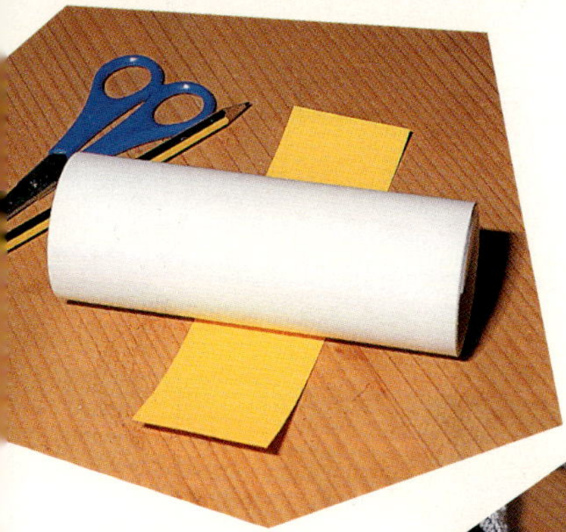

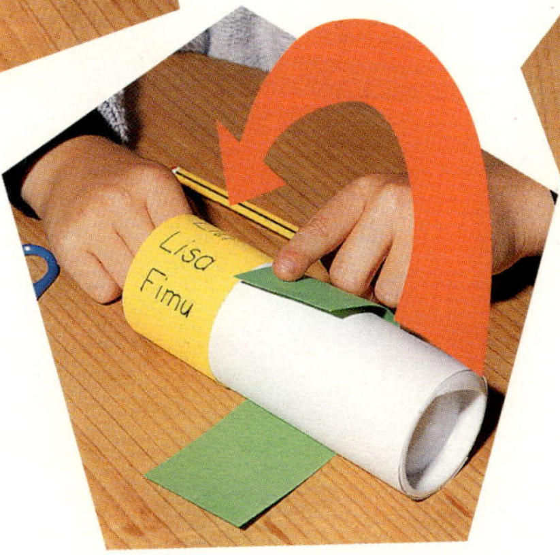
Lisa
Fimu

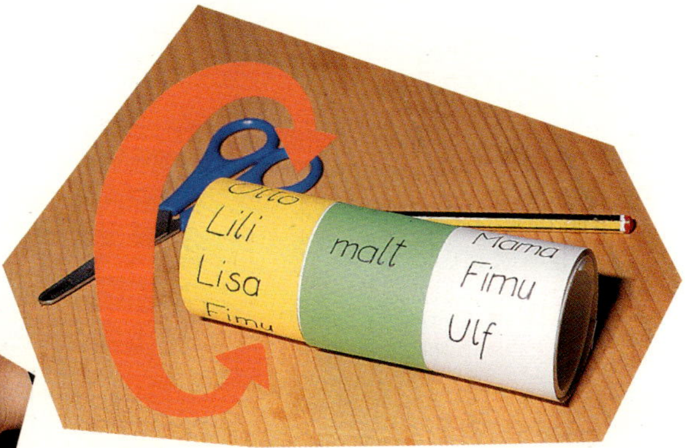
Lili
Lisa
malt
Fimu
Ulf

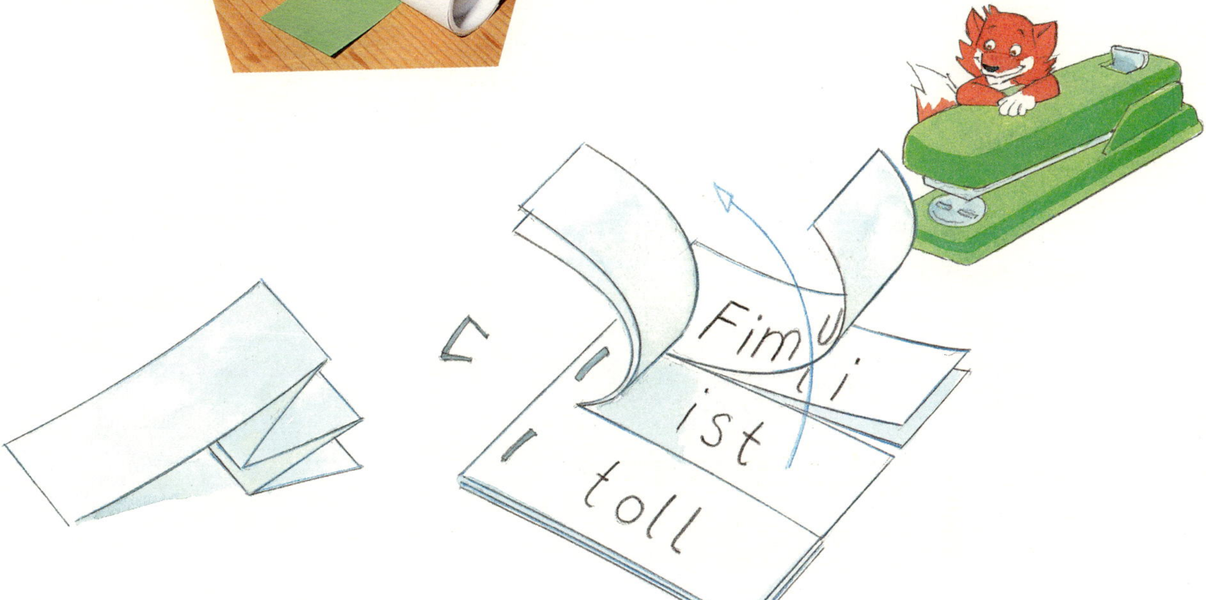
Fimu
ist
toll

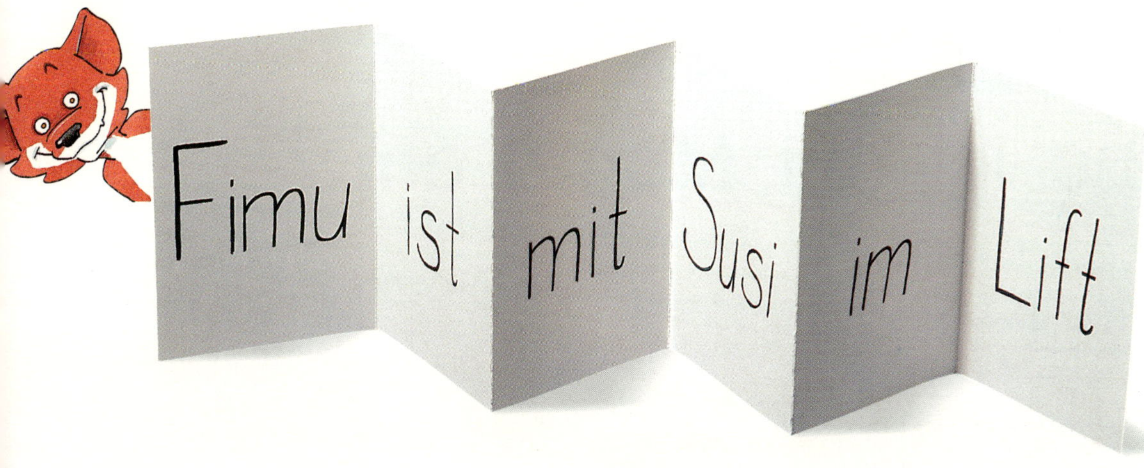
Fimu ist mit Susi im Lift

ZUSATZTEXT SEITE 52

Nina ist am .

Nina ist mit Momo am .

Nina

N i n a

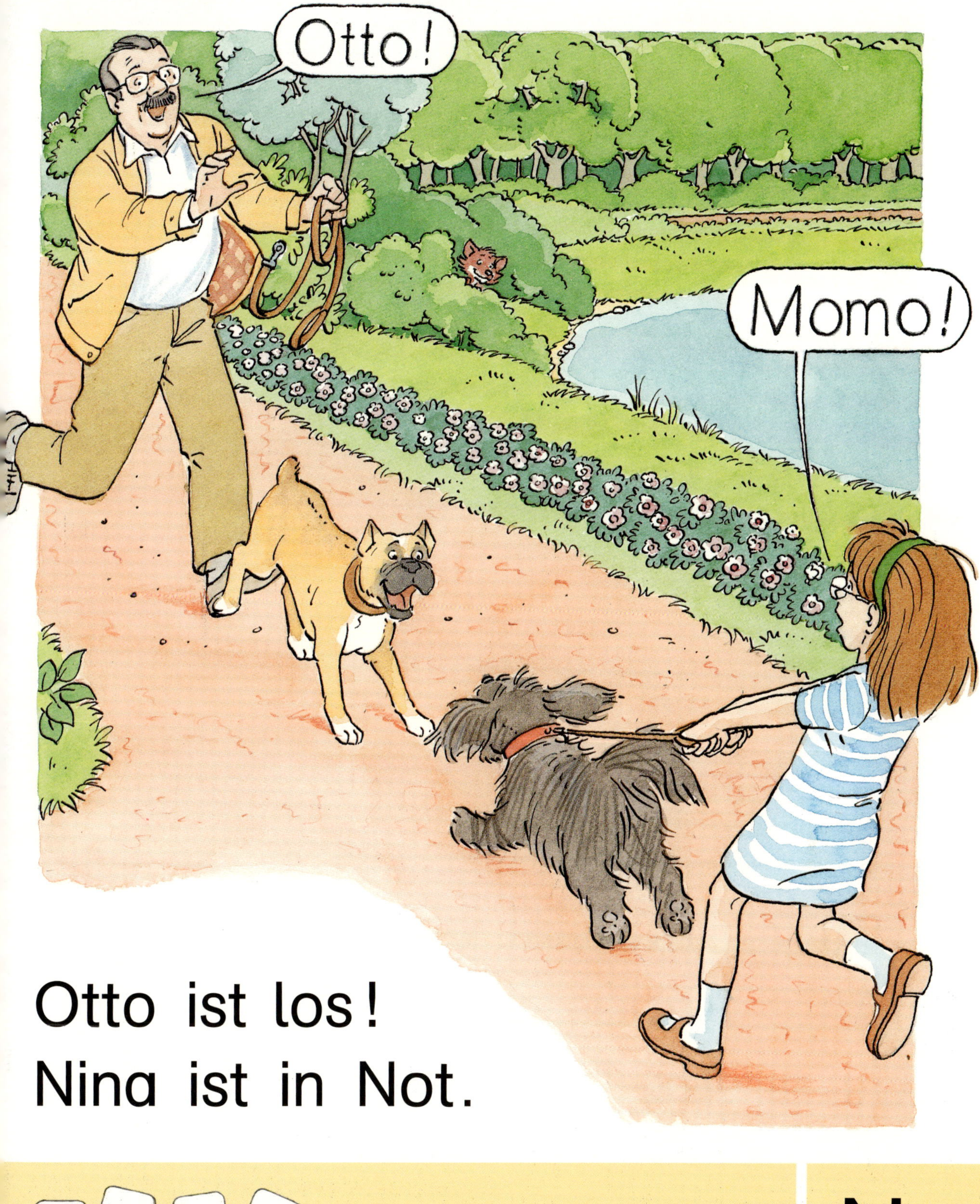

Otto ist los!
Nina ist in Not.

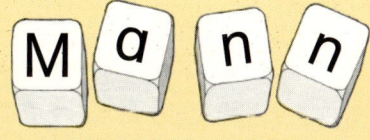

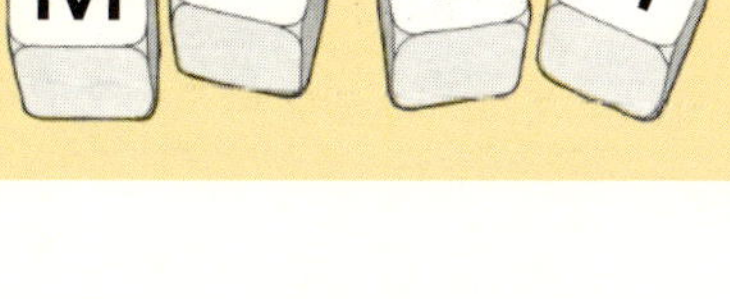

Nn

ZUSATZTEXT SEITE 53

Tante Anne ist im .

Tante Anne ist mit Uli im .

Uli nimmt Fimu mit.

E e   Esel

Esel

Lama

Elefanten

Uli malt Affen am Ast.
Ali malt Enten im See.

Uta ruft: „Susi, male Rosen!"
Susi malt rote Rosen.

R r

Rose	rot
R o s e	r o t

Fimu soll Elefanten malen.
Malt er Elefanten?

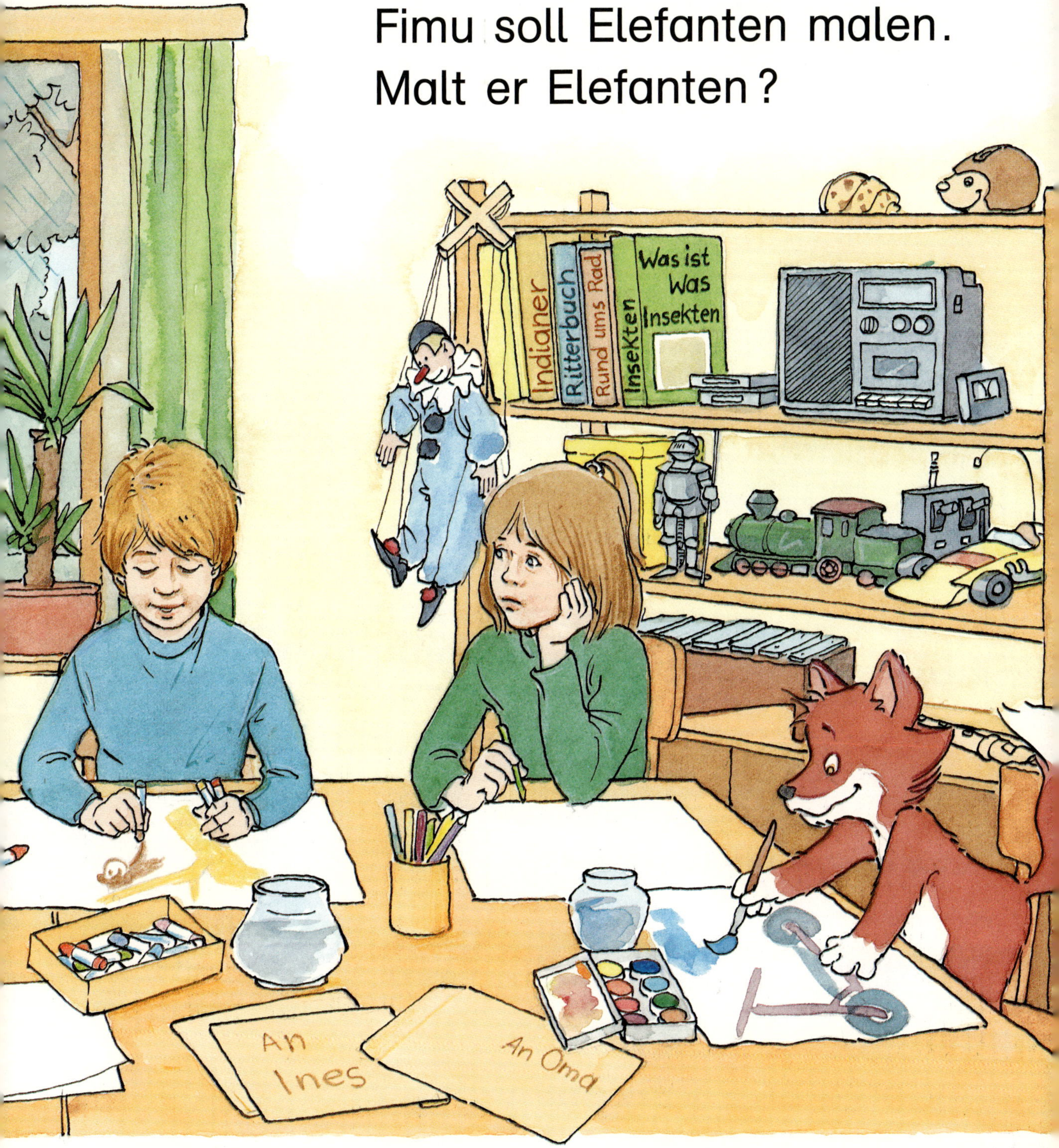

ZUSATZTEXT SEITE 55

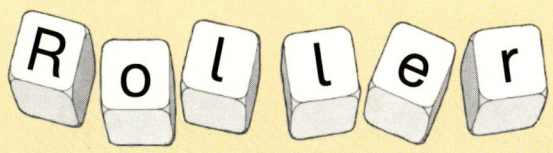

Nanu!
Mamas Wolle ist fort.

Mamas Wolle war im 🧺.
Mamas Wolle ist rot.
Wo ist Mamas rote Wolle?

Wolle   warm
Wolle   warm

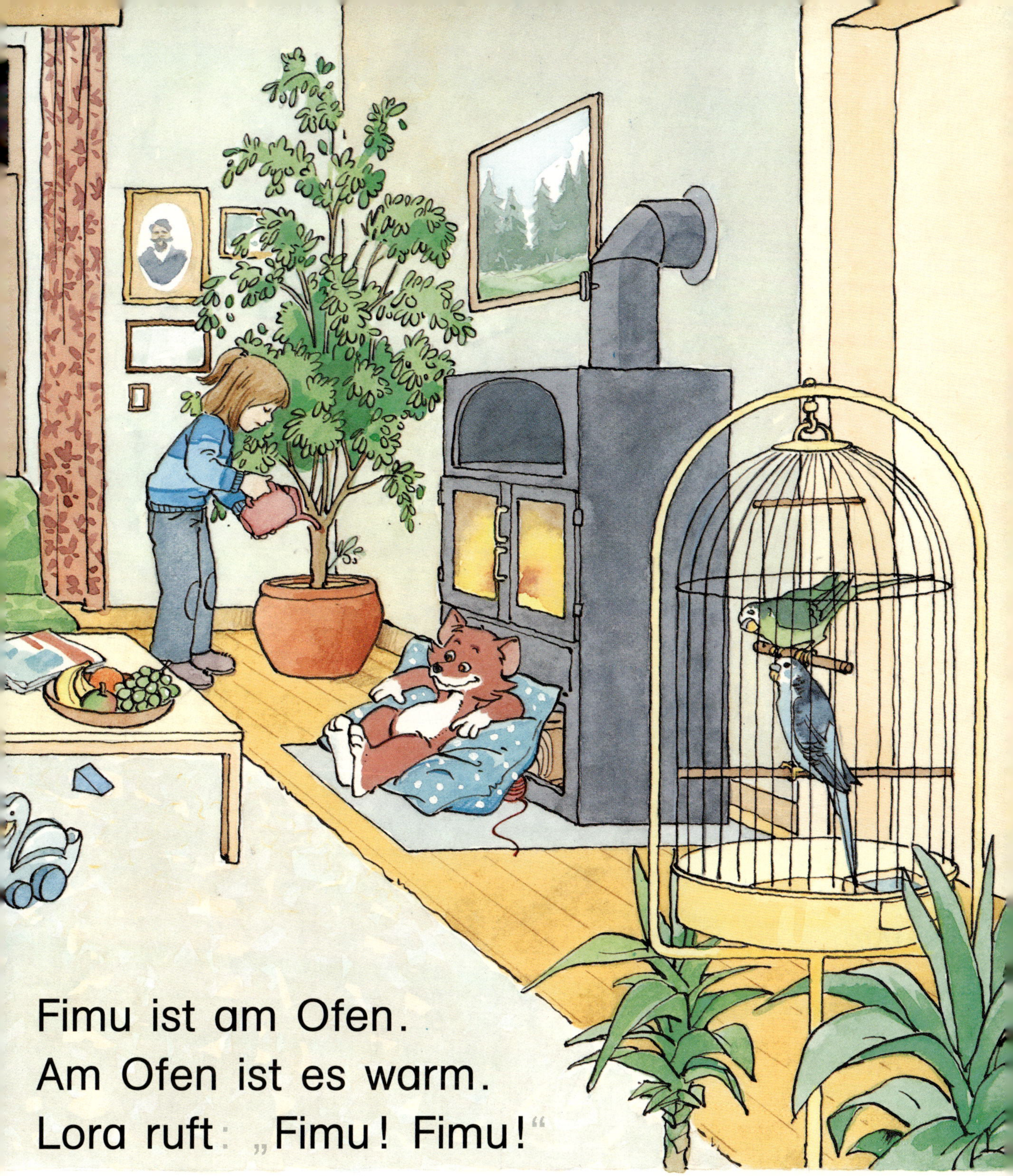

Fimu ist am Ofen.
Am Ofen ist es warm.
Lora ruft: „Fimu! Fimu!"

W w

Wer will Saft?
Alle wollen Saft.
Ali ruft: „Saft ist toll!"

Wer will Torte?
Alle wollen Torte.
Uli ruft: „Torte mit Ananas!"
Fimu ruft: „Torte mit Senf!"

Was wollen wir nun tun?
Tina ruft: „Wollen wir werfen?"
Alle wollen werfen.

O, Susi!

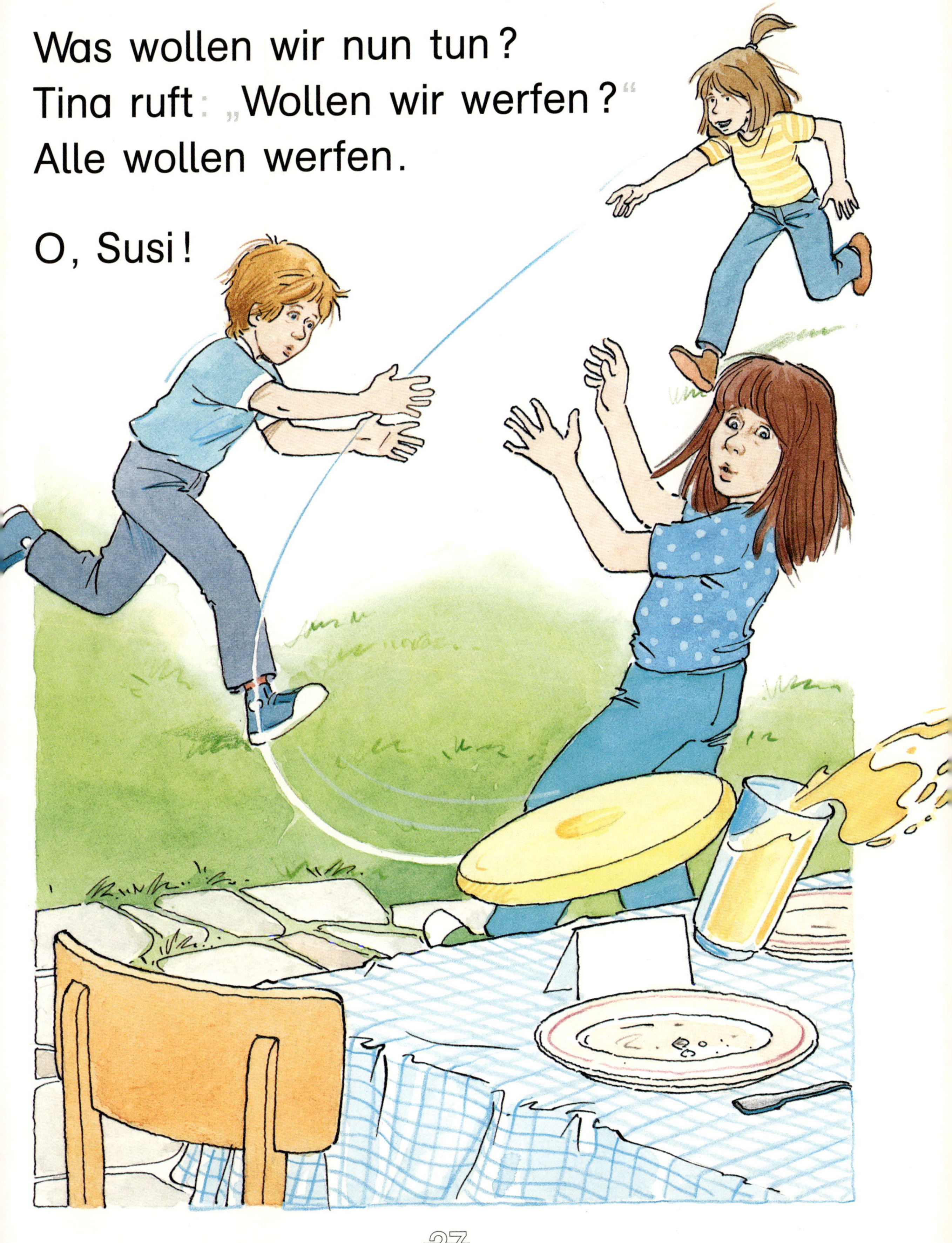

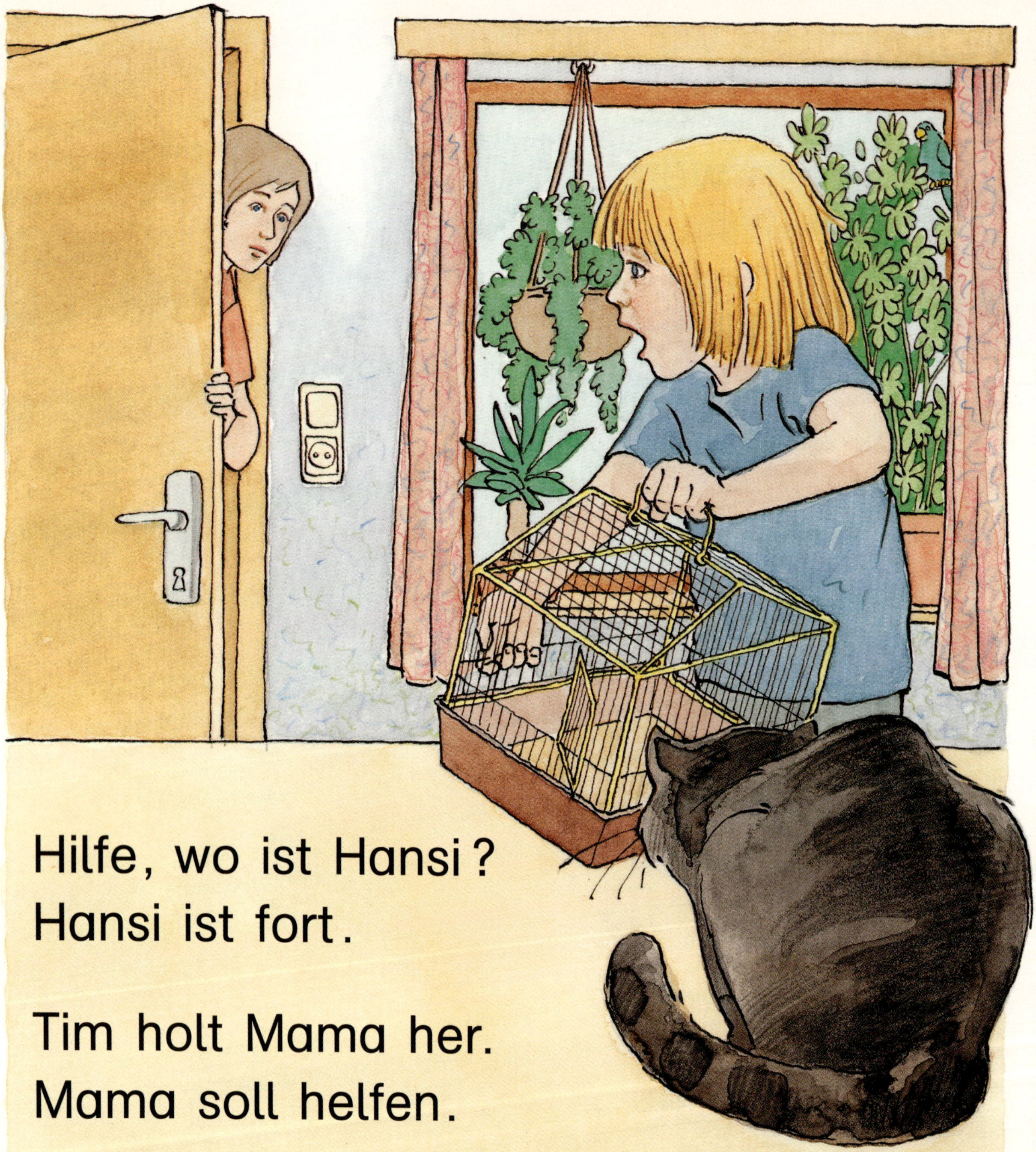

Hilfe, wo ist Hansi?
Hansi ist fort.

Tim holt Mama her.
Mama soll helfen.

Mama ruft: „Hansi ist am Fenster!“

H h

Hilfe helfen

H i l f e h e l f e n

ZUSATZTEXT SEITE 58

Uli weint.

Warum weint Uli?
Er hat sein Eis fallen lassen.
Sein feines Eis!

Fimu will Uli helfen.
Was soll er tun?

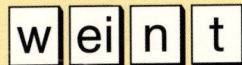

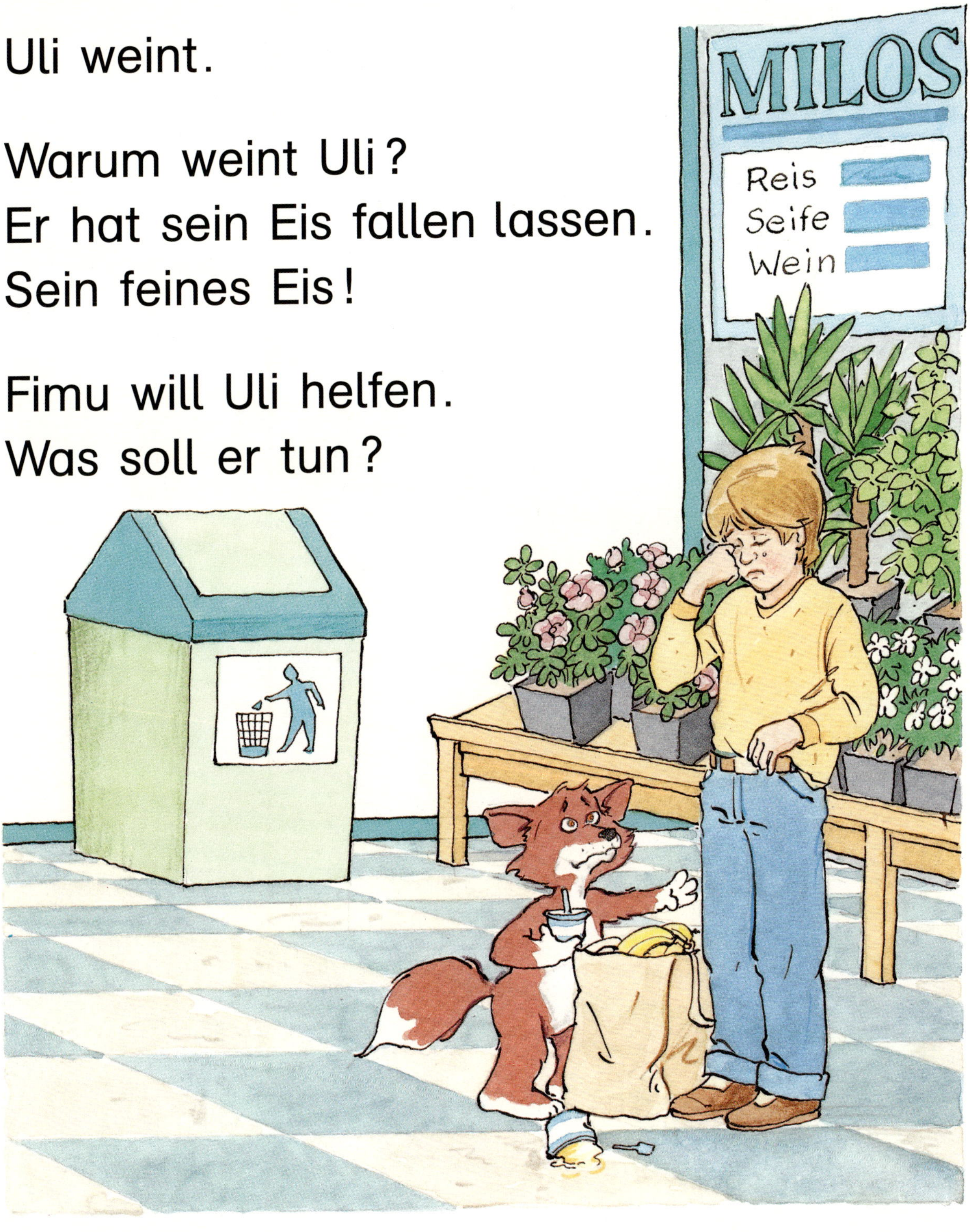

Eis   weint

Ei s   w ei n t

Ei ei

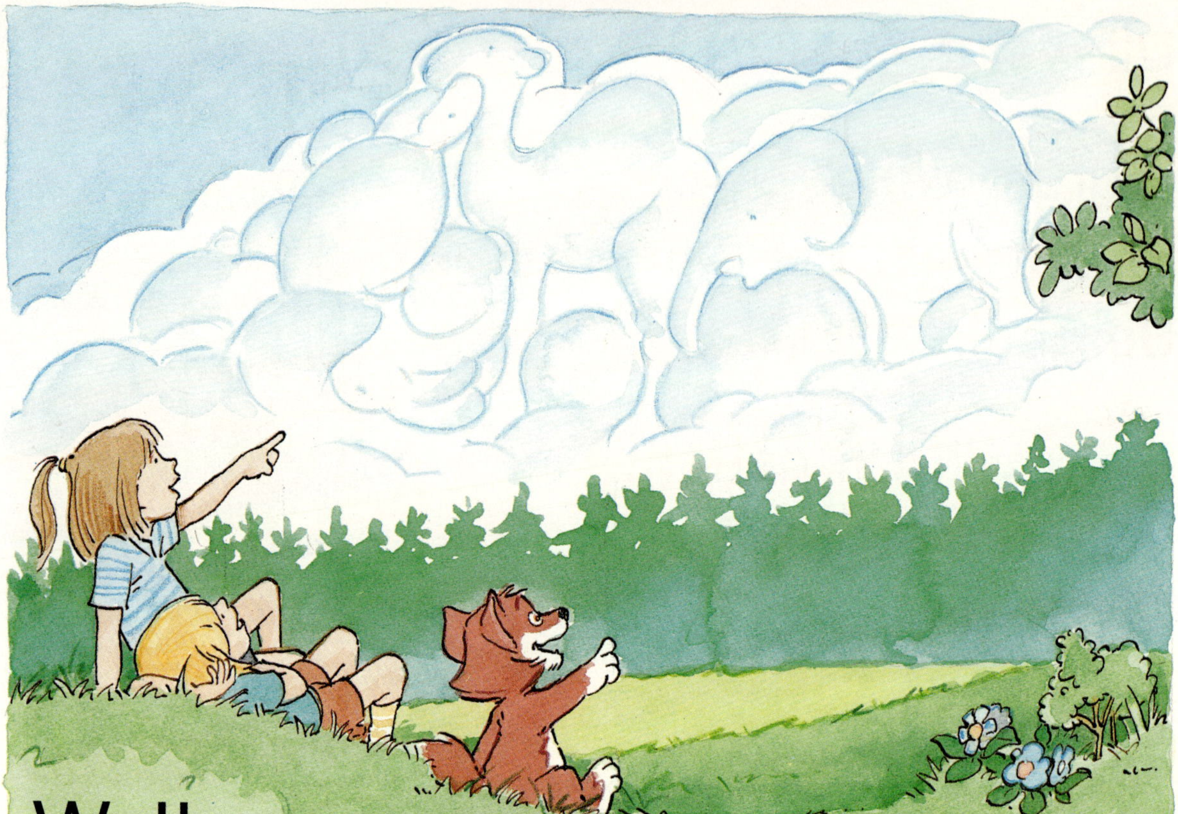

Wolken

Susi kann am Himmel ein Kamel sehen.
Fimu ruft: „Nein, es ist kein Kamel!
Es ist ein Elefant!"

Tim kann kein Kamel sehen.
Er kann keinen Elefanten sehen.
Er kann nur Wolken sehen.

K k

Kamel kein

K a m e l k ei n

ZUSATZTEXT SEITE 60

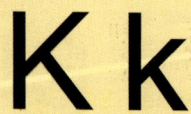

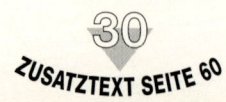

Uli ist im Keller.
Er findet eine Dose.
Es ist eine alte Dose.

Uli denkt:
„Was kann denn
in der Dose sein?“

Rate mal,
was in der Dose ist!

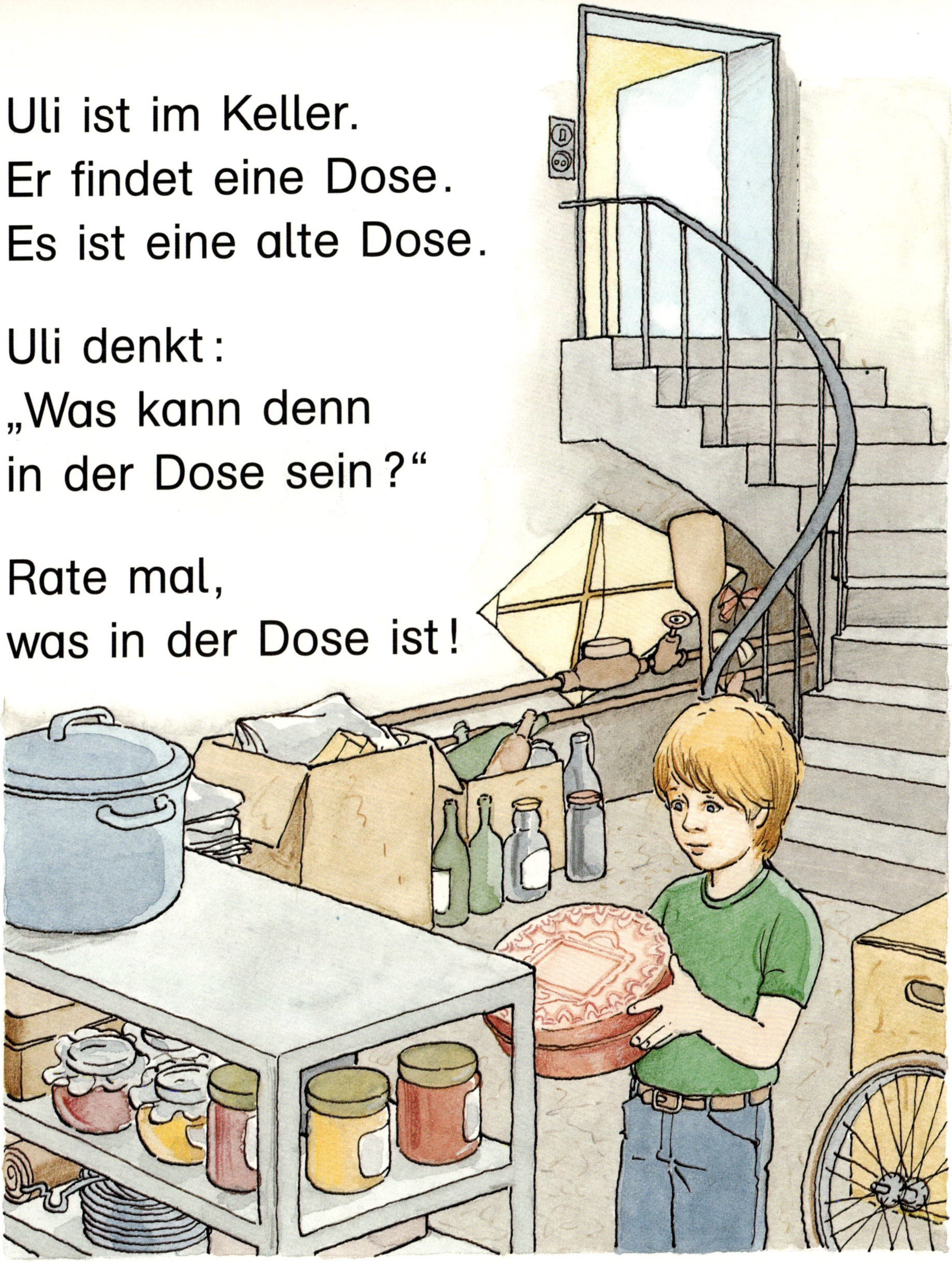

Dose der

D o s e d e r

D d

ZUSATZTEXT SEITE 61

Susi ruft:

„Mama, im Garten ist ein Igel!"

Susi fragt:

„Was fressen Igel?

Fressen Igel gern Gras?

Wo wohnen Igel im Sommer?

Wo wohnen Igel im Winter?"

Und was wollt ihr wissen?

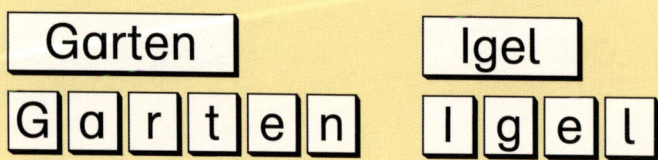

G g Garten Igel

Garten Igel

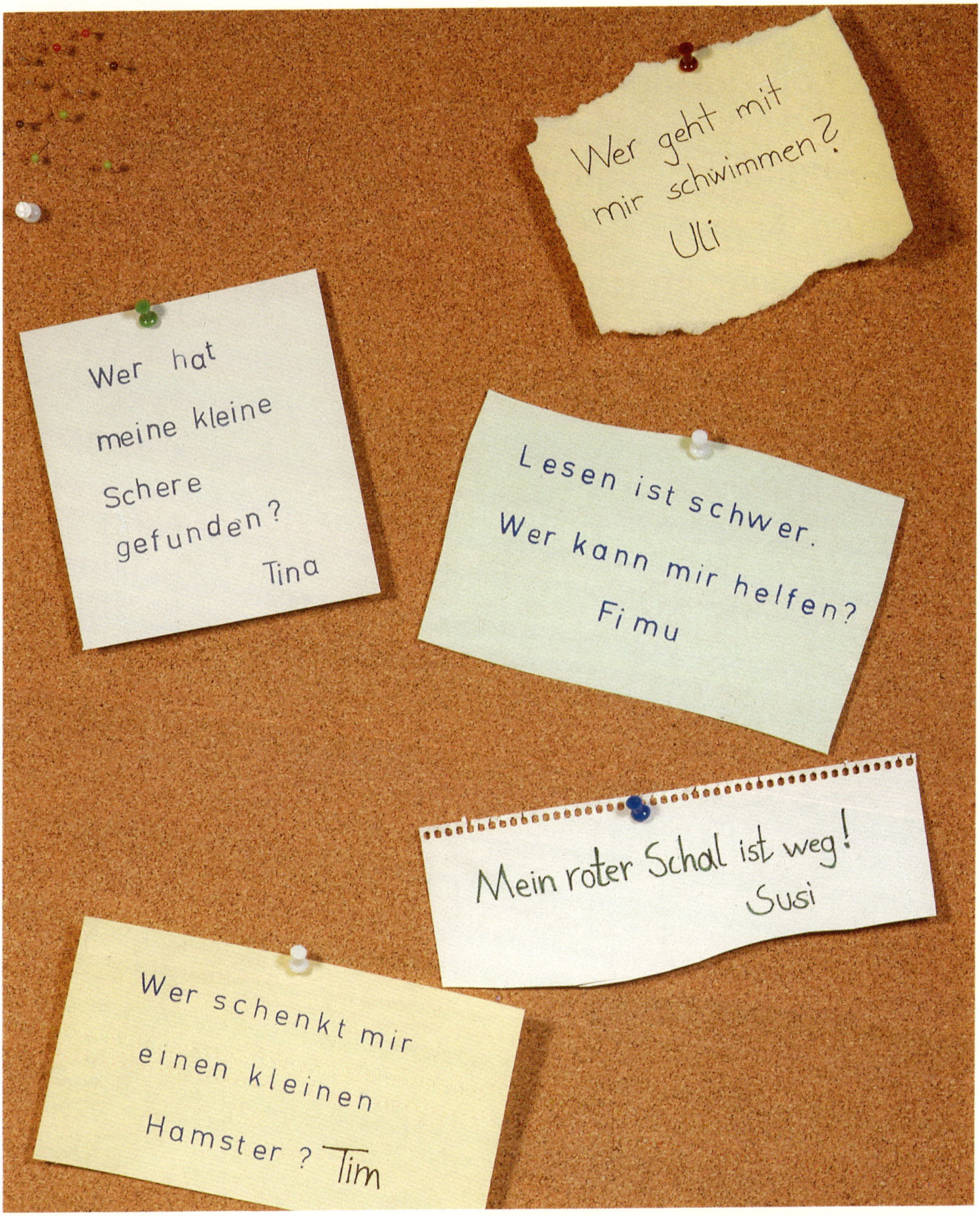
Wer geht mit
mir schwimmen?
Uli
Wer hat
meine kleine
Schere
gefunden?
Tina
Lesen ist schwer.
Wer kann mir helfen?
Fimu
Mein roter Schal ist weg!
Susi
Wer schenkt mir
einen kleinen
Hamster? Tim

Schal schwer

Sch a l sch w e r

Sch sch

ZUSATZTEXT SEITE 63

In unserem Haus ist eine Maus.
Es raschelt auf dem Regal.

Kater August hat scharfe Krallen
und gute Augen.
Er kann sogar im dunklen Keller sehen.

Unsere Maus ist in Gefahr!

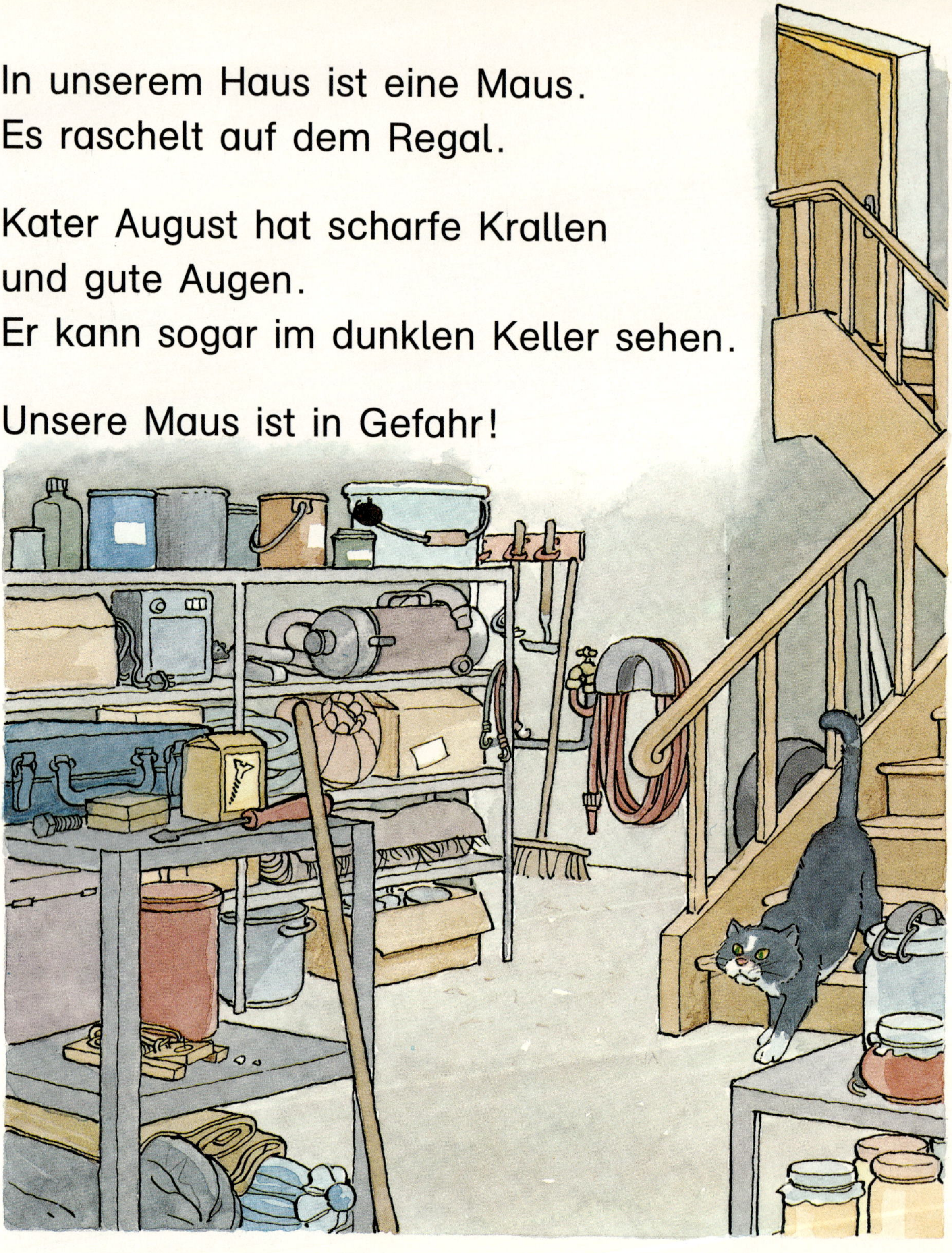

Au au

Augen
Au g e n

Maus
M au s

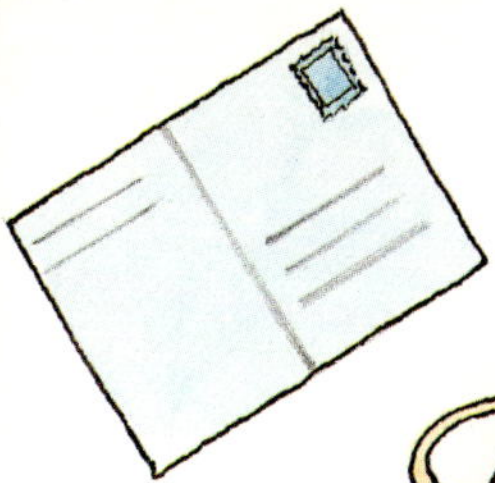

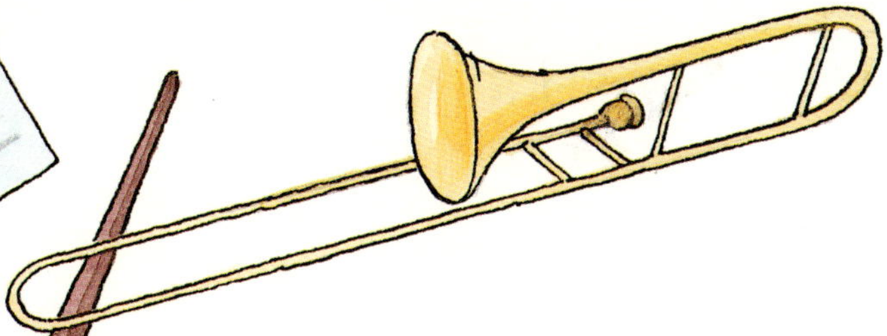

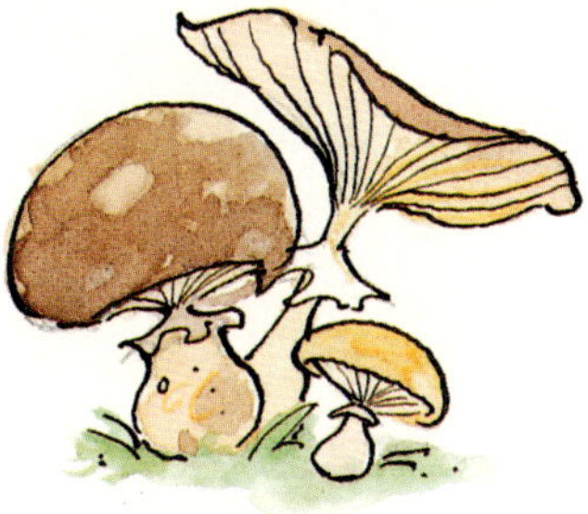

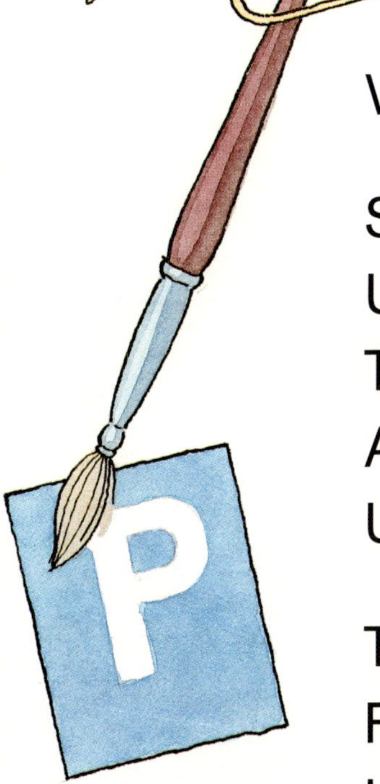

Wer kennt ein Wort mit **P**?

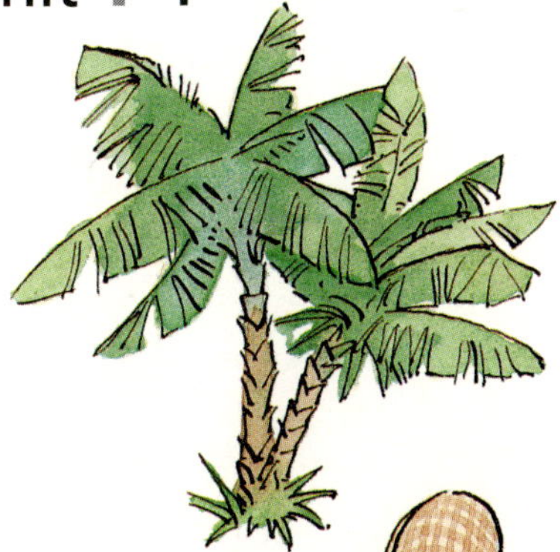

Susi ruft: „Pudel!“
Uli ruft: „Puppe!“
Tina ruft: „Paket!“
Ali ruft: „Pappe!“
Uta ruft: „Papagei!“

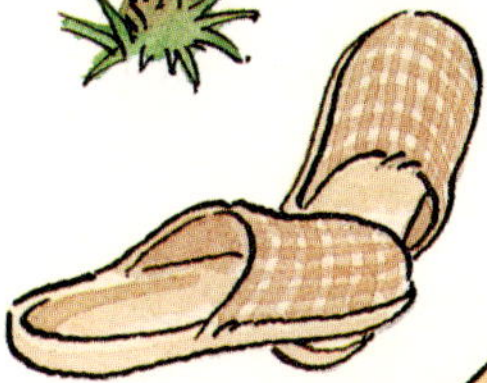

Tim ruft: „Lora!“
Fimu ruft: „Nein, Tim,
Lora ist kein Wort mit **P**!“

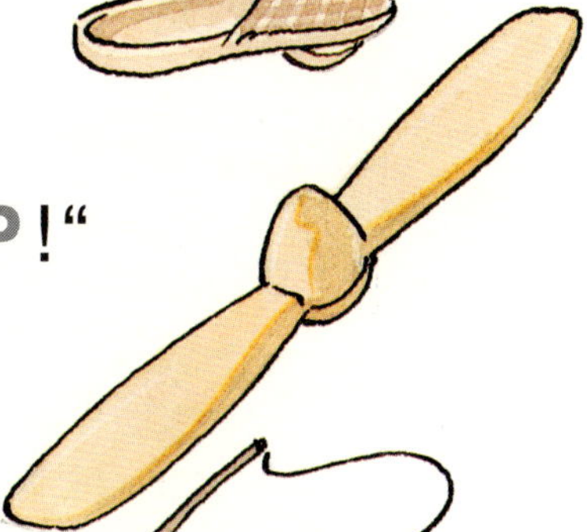

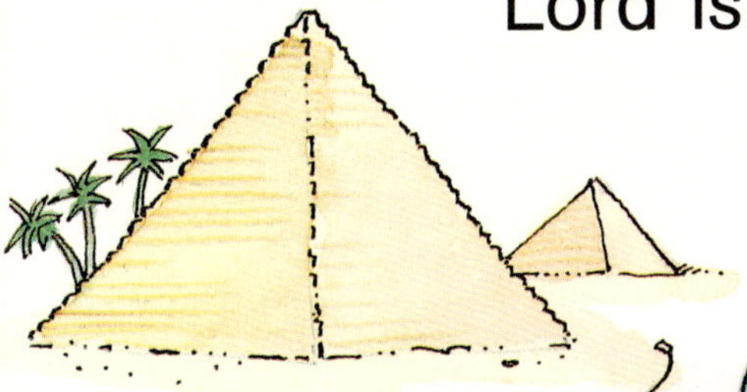

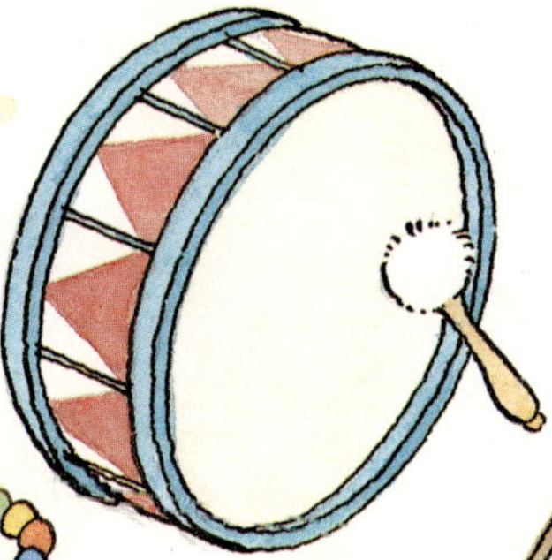

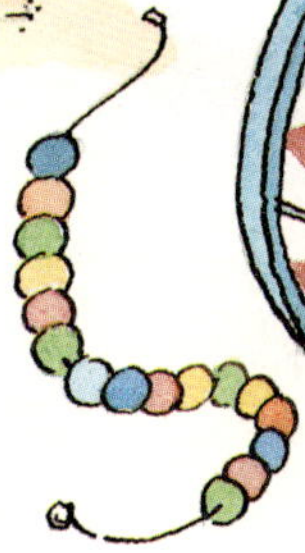

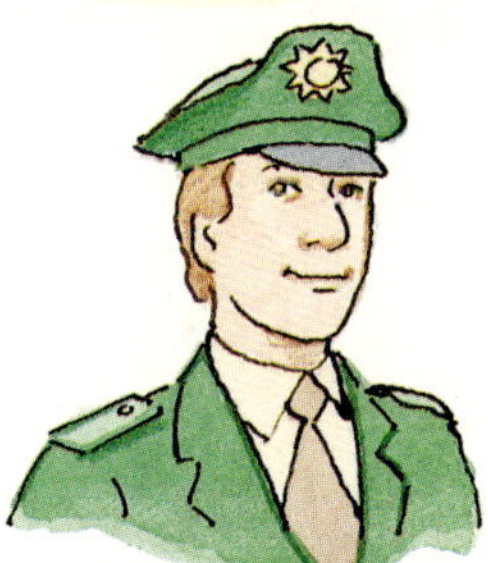

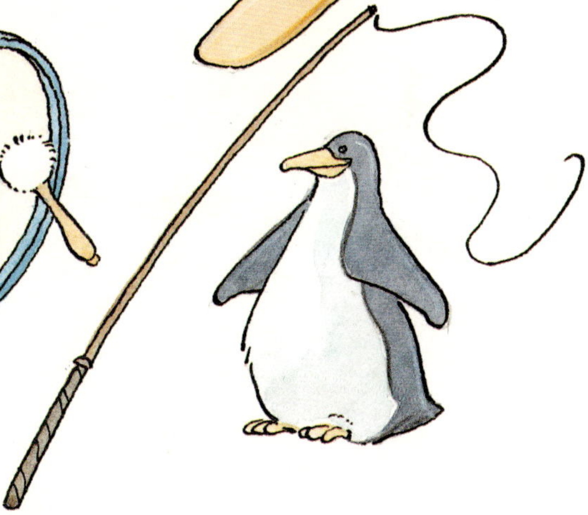

Papagei

P | a | p | a | g | ei

P p

ZUSATZTEXT SEITE 65

Susi und Uli wollen fernsehen.

Susi will Tiere im Wald sehen.
„Tierfilme sind toll“, sagt sie.
„Wir sehen sogar seltene Tiere.“

Uli will Riese Wim sehen.
Er sagt:
„Riese Wim ist lustiger.“

Was nun?

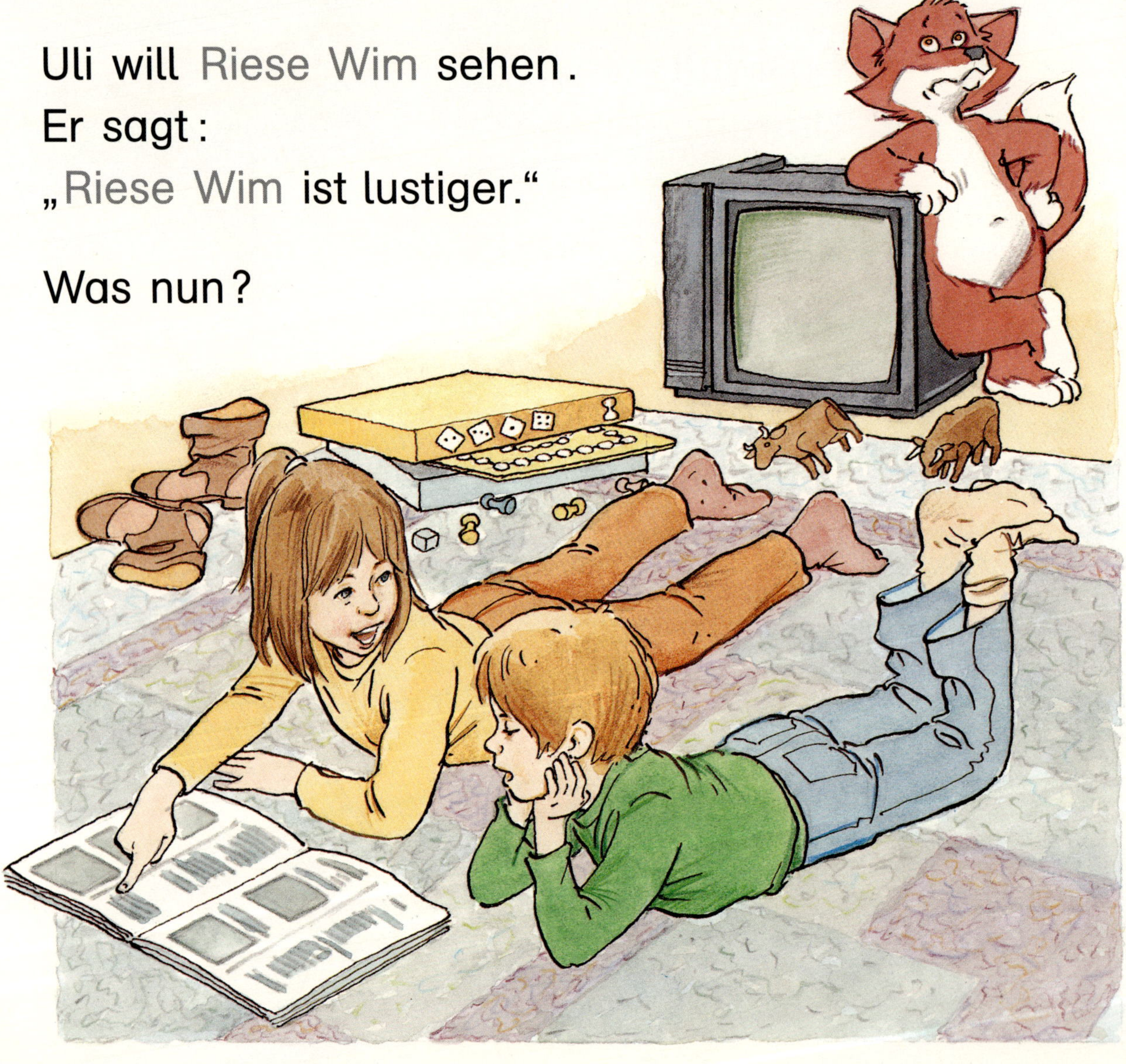

ie

Riese

R ie s e

ZUSATZTEXT SEITE 66

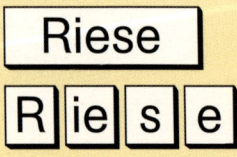

Ulis Anorak ist weg!

Hat er ihn vor der Schule verloren?
Hat er ihn in der Klasse vergessen?
Wo kann er nur sein?

Was wird Vater sagen?

Da kommt Tina.
Sie ruft: „Uli, hier ist dein Anorak!"
Tina hat ihn vertauscht.

Vater   vor

Vater   vor

V v

37

ZUSATZTEXT SEITE 67

Uli hat Langeweile.

Er fragt Vater:
„Was soll ich nur tun?“

Vater sagt:
„Wollen wir Reime machen?
Was reimt sich auf reich?“

Uli denkt nach:
„Auf reich reimt sich weich.“

Da ruft Fimu:
„Nein, auf reich reimt sich arm!“

Uli lacht: „O, Fimu!“

ch

weich

w ei ch

ZUSATZTEXT SEITE 68

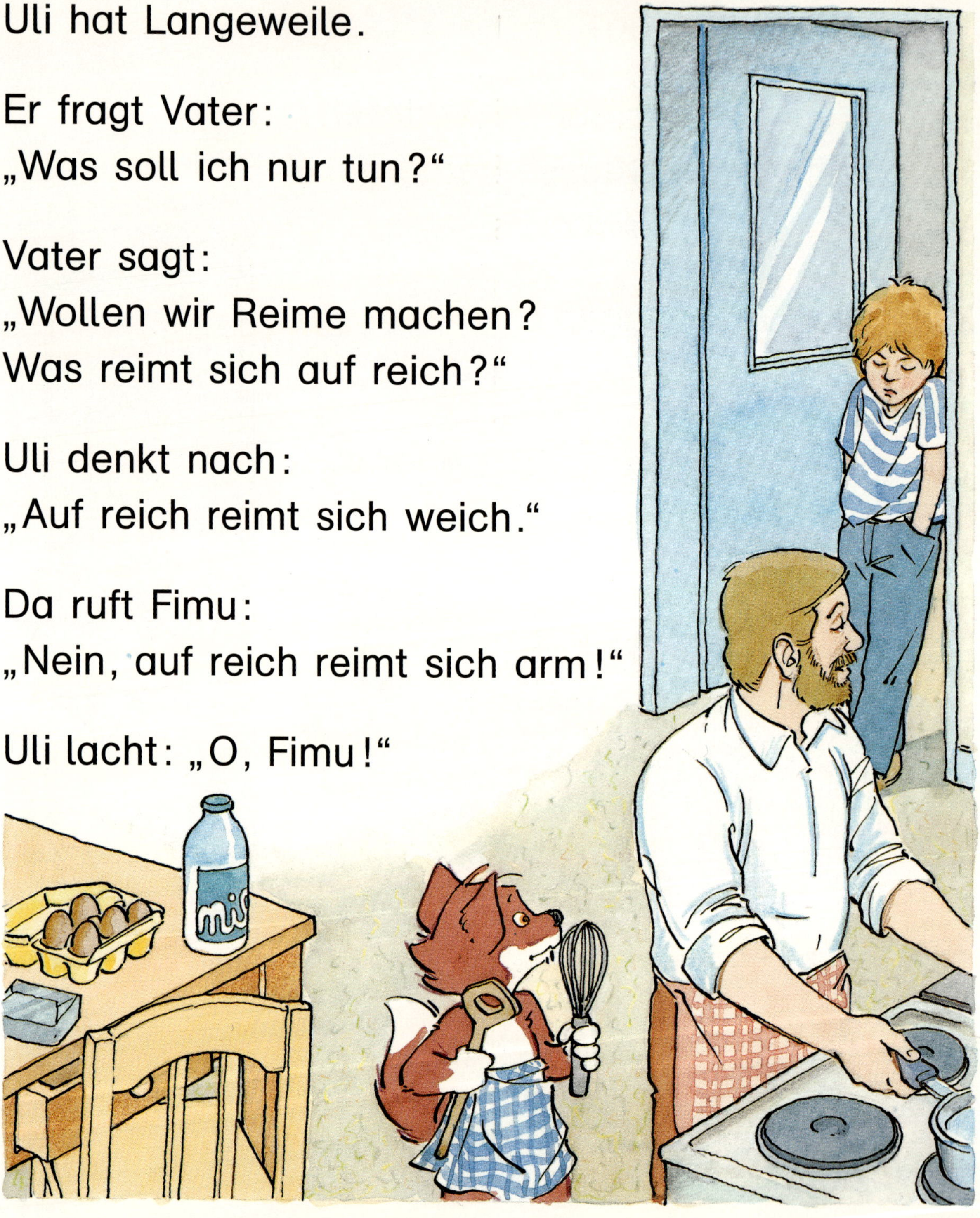

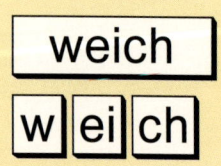

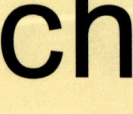

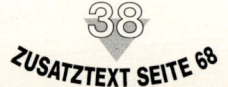

Susi hat einen Kaufladen.

Uli kauft bei Susi ein:
„Ich will drei Bananen, eine Birne,
ein Brot und sieben gelbe Bonbons.
Was soll das kosten?“

„Bei mir ist es billig“, sagt Susi,
„alles kostet nur acht Mark.“

Aber Uli hat kein Geld.
Was nun?

Fimu hat eine gute Idee.

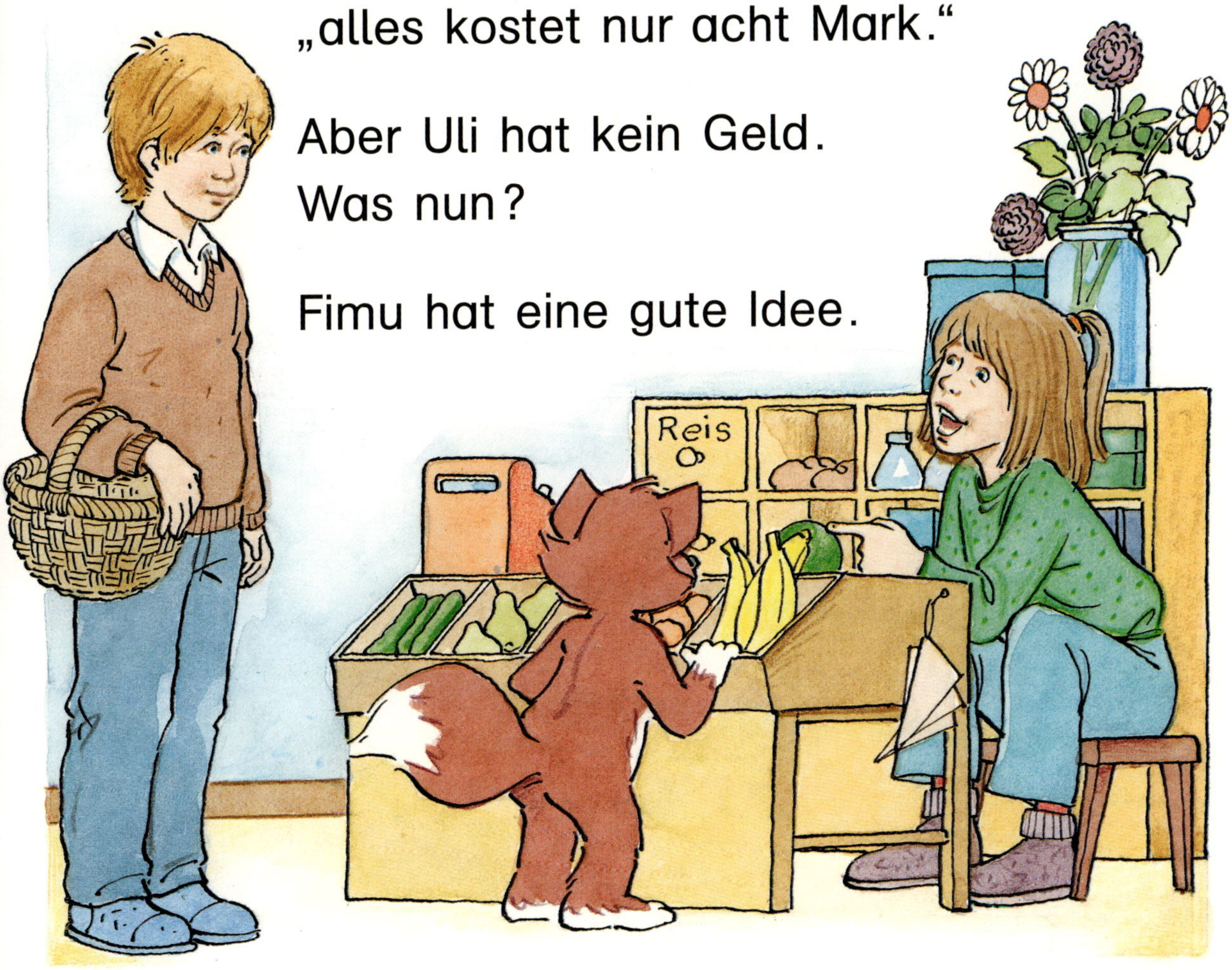

Birne	billig
B i r n e	b i l l i g

B b

ZUSATZTEXT SEITE 69

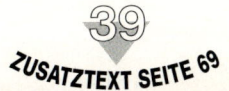

Im Zirkus

Zuerst zeigen zwei Affen ihre Kunst.
Sie tanzen auf einer Tonne.

Dann kommt ein Pudel.
Er reitet auf einer Ziege.

Am meisten wundern sich Susi und Uli,
als der Zauberer zehn Tauben
aus einer leeren Kiste holt.

Hokus pokus fidibus!

Z z | Zirkus | zehn |
Z i r k u s   z e h n

Susi und Uli schneiden
kleine Stempel aus Kartoffeln.

Sie stempeln
bunte Bilder aufs Papier.

„Deine blaue Stadt sieht toll aus!",
sagt Uli.
Susi findet den Kaktus
mit den roten Stacheln am besten.

Susi sagt:
„Die Bilder stellen wir
morgen in unserer Klasse aus."

Stempel	stellen	
S t e m p e l	s t e l l e n	St st

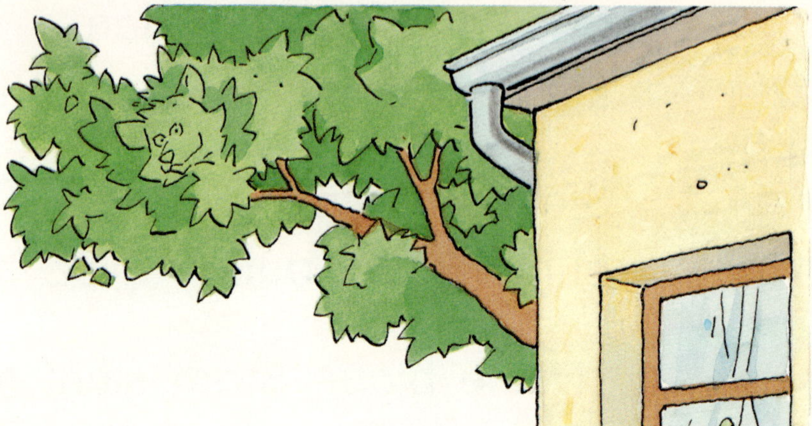

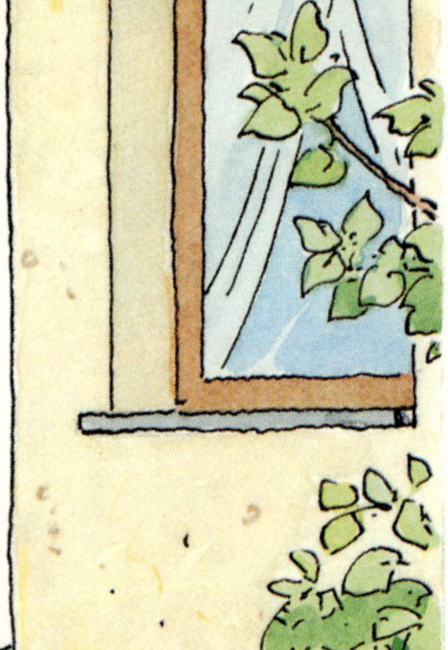

Susi versteckt sich hinter der Hecke.
Nina versteckt sich unter der Decke.
Tina versteckt sich hinter der Ecke.
Ratet mal, wo ich wohl stecke.

Und wo hat sich die Ecke versteckt?

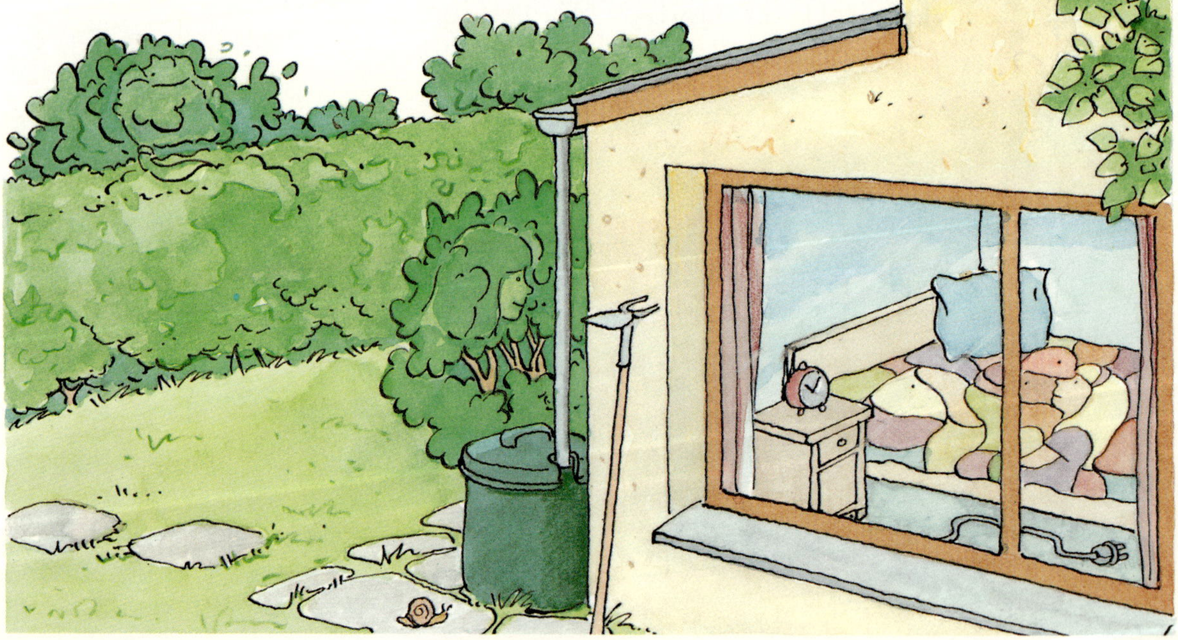

ck

Hecke

H | e | ck | e

ZUSATZTEXT SEITE 71

„Sonja, wann hast du Geburtstag?“

„Ich habe im Juli Geburtstag.
Im Juli werde ich sieben Jahre.“

„Anja hat ja auch im Juli Geburtstag!“

„Im Juni sind vier Kinder geboren.“

„Und wann hast du Geburtstag, Fimu?“

„Ratet mal: Ich habe im ersten Monat
des Jahres Geburtstag.“

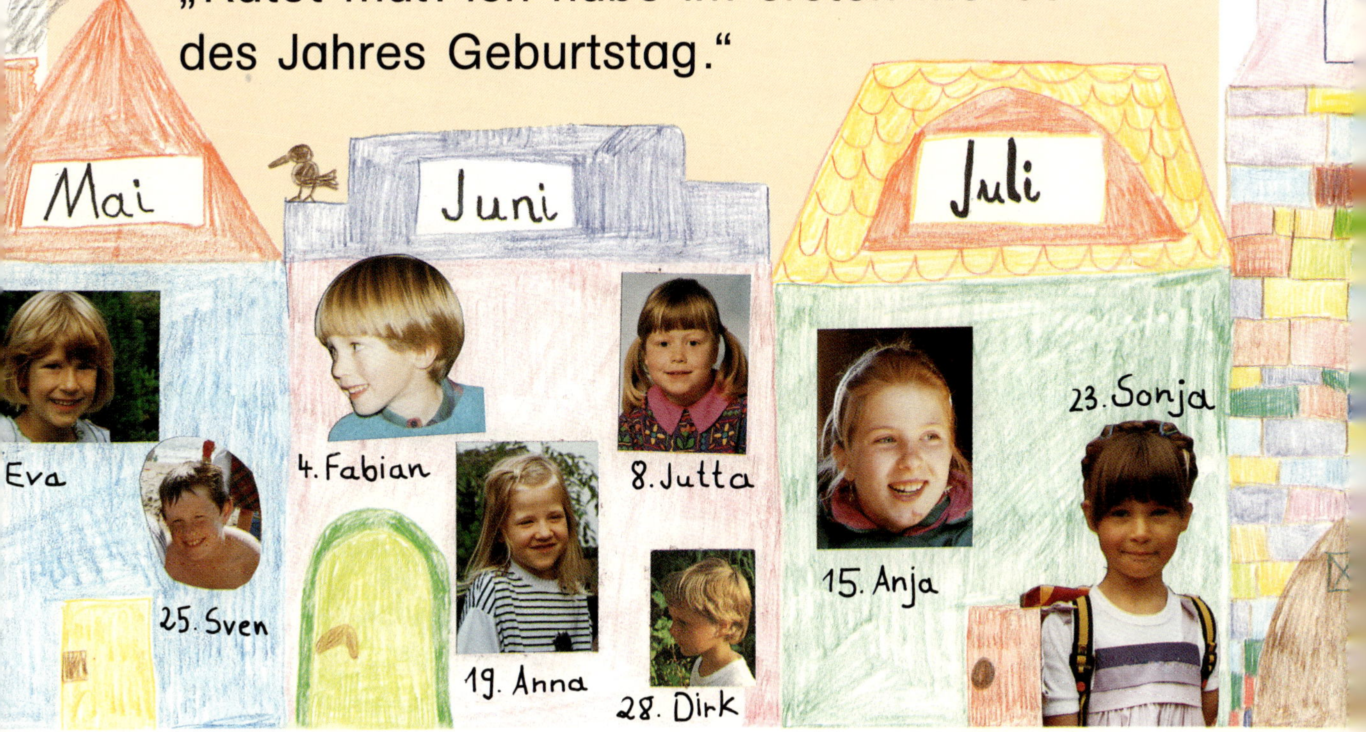
Mai
Juni
Juli
Eva
25. Sven
4. Fabian
19. Anna
8. Jutta
28. Dirk
15. Anja
23. Sonja

Juli   Anja

J u l i   A n j a

J j

ZUSATZTEXT SEITE 72

Flohmarkt

Am Sonntag ist Flohmarkt für Kinder.

Tim und Tina
haben viele Sachen mitgebracht.
Sie legen alles auf eine alte Decke:

Rätselhefte, Bücher,
zwei Bälle, eine Flöte
und eine hübsche Puppe.

Tina ruft laut:
„Kommt alle her!
Hier gibt es schöne Sachen!
Alles sehr billig!"

ä ö ü

Bälle	schön	Bücher
B ä l l e	sch ö n	B ü ch e r

Blumen in unserer Klasse

Uli hat eine schöne Blume mitgebracht.

Wir stellen sie ans Fenster.
Pflanzen brauchen viel Licht.

Ulis Blume bekommt jeden Tag Wasser.
„Aber nicht zu viel", sagt Uli,
„der Topf darf nicht im Wasser stehen."

Wer wird unsere Blumen in den Ferien pflegen?

Pflanze
Pf l a n z e

Topf
T o pf

Pf pf

45

Uli weiß, wie er seinen Vater
überraschen kann.
Er will einen Obstsalat machen.

Das geht so:

1. Zwei Äpfel, eine große Apfelsine
   und eine Banane schälen,

2. Alles in kleine Stücke schneiden,

3. Das Obst in eine Schüssel geben,

4. Zum Schluss etwas süße Sahne
   über den Salat gießen.

Uli muss noch den Tisch decken,
dann kann Vater kommen!

ß

groß
g r o ß

Knix, knax, knux,
wir machen gerne Jux.

Knux, knax, knix,
bei uns geht alles fix.

Eins, zwei, drei,
freu dich, du bist frei.

Vier, fünf, sechs,
dich holt heut' die Hex'.

Sieben, acht, neun,
du kommst in die Scheun'.

Eule, Beule, Schnick, Schnack,
du bist ab!

Hexe   fix   neun

H e x e   f i x   n eu n

X x eu

„Guck mal, Carmen!
An der Losbude
kann man einen Teddy gewinnen!“

„Ich möchte lieber
den lustigen Clown oder das Pony“,
antwortet Carmen.

Carmen und Marco kaufen ein Los.

„Ihr habt Glück“,
sagt die Frau von der Losbude,
„ihr habt einen Ball gewonnen.“

C c Y y

Carmen   Teddy

C a r m e n   T e d d y

ZUSATZTEXT SEITE 76

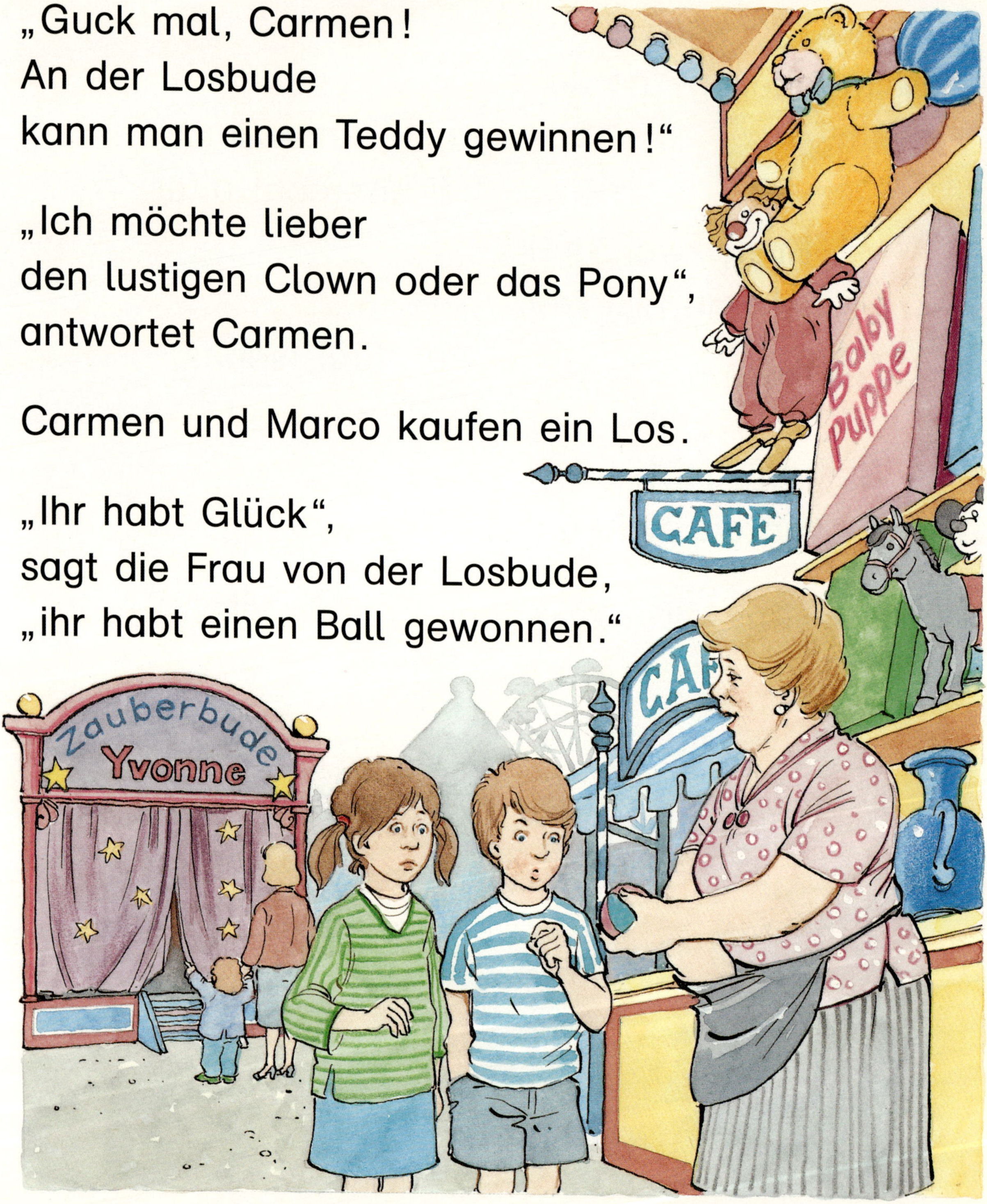

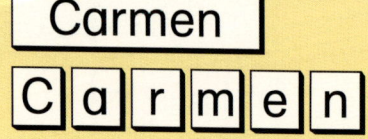

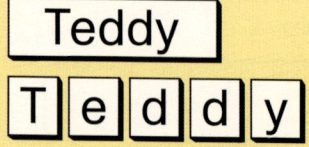

Alis Katze

Ali hat seine Katze mitgebracht.
Sie hat ein schönes schwarzes Fell
und weiße Pfoten.

Alis Katze läuft quer durch die Klasse.
„Vielleicht sucht sie Mäuse“, meint Susi.
„Quatsch“, ruft Fimu, „hier gibt es keine Mäuse.“

Nun klettert die Katze auf Alis Schoß
und macht es sich dort bequem.
Ali streichelt seine Katze.

läuft | quer

l | äu | f | t   qu | e | r

Qu qu äu

ZUSATZTEXT SEITE 77

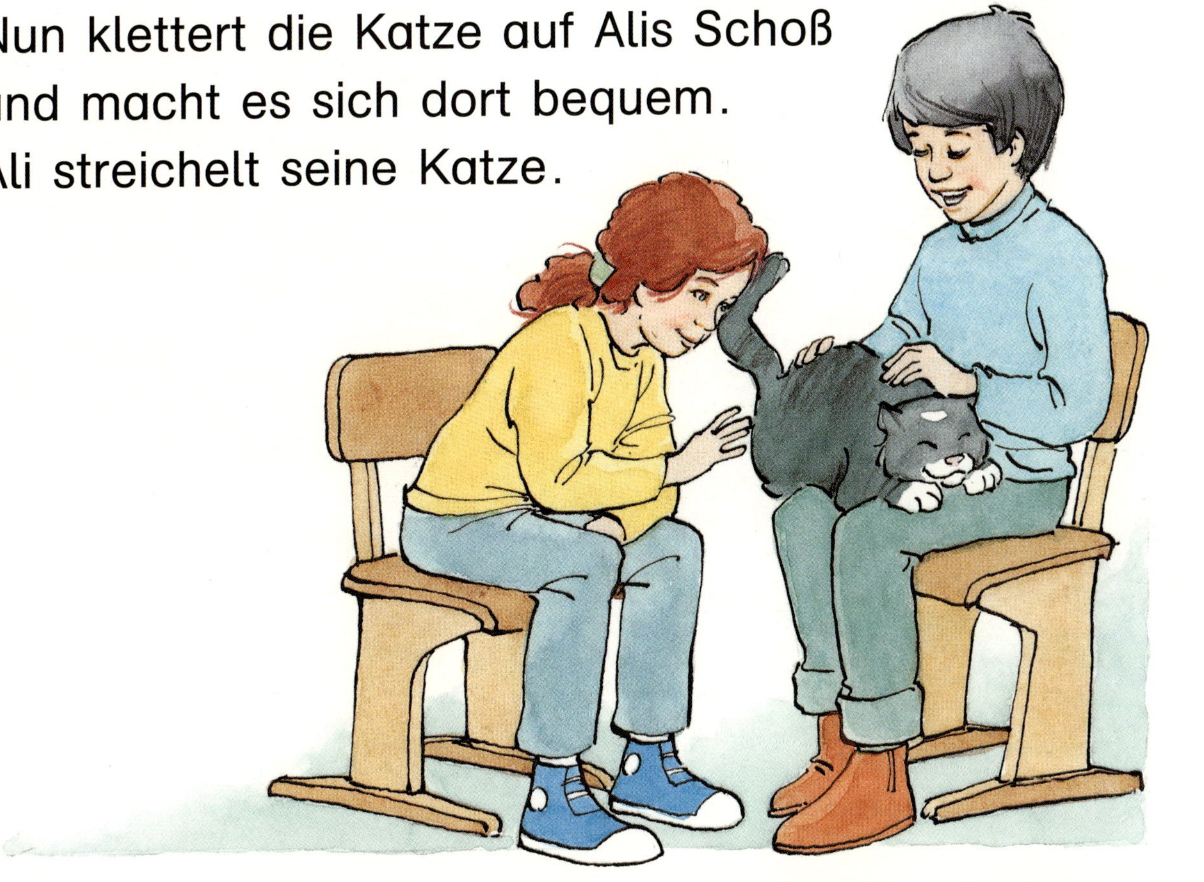

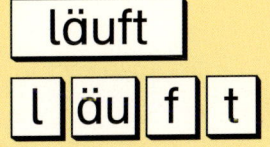

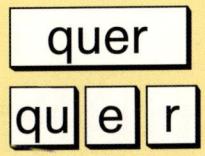

Kasper:
„Verflixt, meine Spardose ist leer!
Wer war das?

Aha, hier ist eine Spur!

Das war bestimmt der Räuber Spitzenblitz!
Der mit den spitzen Stiefeln
und dem spitzen Hut!

Der hat mein Geld!
Das hole ich mir wieder.
Ich gehe zur Polizei!

Oder könnt ihr mir helfen?"

Sp sp

Spur   spitz

Sp u r   sp i t z

Tim im
Susi im
Oma im
Fimu im
Momo im
Mama im

O o

51

Uli malt Susi.

Uli malt Susi im .

Uli malt Susi mit Molli im .

Susi malt Fimu im Sofa.

Susi malt Fimu mit Alfi im Sofa.

Fimu malt Ali mit .

Zur Freiarbeit

Malt Mama mit Susi im !

Uli
Susi

A Uli

F
Nina
i
m
u

F
o
Uta
o

A
n
a
n
Salat
s

Nn

53

Susi malt alles lila an.

Susi malt Omas Telefon lila an.
Susi malt Mamas Mantel lila an.
Susi malt Fimu lila an.
Susi malt Ulis Nase lila an.

Alles lila, toll!

Male lila Elefanten!

E e

Uli malt alles rot an.

Uli malt Susis Roller rot an.
Uli malt unsere Tafel rot an.
Uli malt Omas Sofa rot an.
Uli malt alle Esel rot an.

Alles rot, toll!

Male rote Esel!

R r

Wer will antworten?

- Was fressen Amseln?
- Was fressen Esel?
- Was fressen Affen?
- Was fressen Elefanten?
- Was fressen Lamas?

W w

Tina an Uta

Rate mal!   Es ist lila .

Ist es Susis Laterne?   Ist es Tims Mantel?
Ist es Fimus Elefant ?

Uta an Tina

Rate mal !   Es ist rot.

Ist es Alis Roller?   Ist es Ulis Nase ?
Ist es unser Telefon ?

57

Unsinn

Hasen mit Hut
Hamster in Hosen
Rehe am Telefon
Tomaten im Nest
Elefanten im Mantel
Monster im Hotel
Esel im …

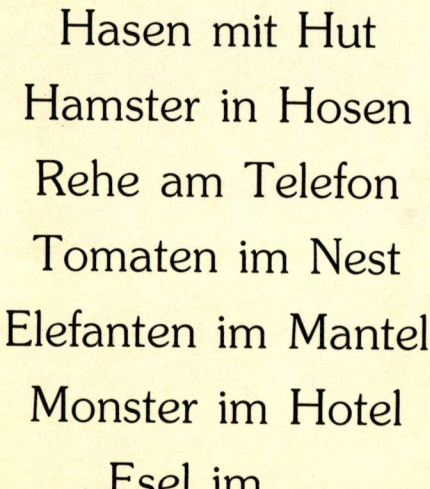

H h

58

Im MILOS

Susi ist mit Uli im MILOS.
Uli nimmt Fimu mit.

Uli holt ein Eis.
Er will ein Eis essen.

Was tut Susi?

Ei ei

Unsere Klasse kann nun fast alles lesen.

Susi kann **Kaffee** lesen.
Uli kann **Kakao** lesen.
Tina kann **Kaktus** lesen.
Tim kann **Kiste** lesen.

Fimu kann **lemaK** lesen.

Male ein **lemaK**!

K k

60

hell / **dunkel**

Wenn es hell ist,
kann man Doris und Udo sehen.

Wenn es dunkel ist,
kann man ...

Warum?

Male Doris und Udo!

D d

Ein Huhn geht im Gras herum.
Sein Magen ist leer.
Es will etwas fressen.

Nanu! Was ist das?
Ein Regenwurm!

Nein!
Es ist nur ein alter Nagel.

Das arme Huhn!

G g

Im See ein Fro__?__.
Im Gras ein __?__af.
Im Wasser ein Fi__?__.
Im Wald ein Hir__?__.
Im Stall ein __?__wein.

Wer mag das nur sein?

Sch sch

AU = Aue
DAU = Daun
DE = Dessau
DO = Dortmund
G = Gera
HA = Hagen
HAL = Halle
H = Hannover
HO = Hof
IL = Ilmenau
KA = Karlsruhe
MA = Mannheim
ME = Mettmann
NAU = Nauen
RO = Rosenheim
UL = Ulm
WE = Weimar

AU-GE 55

HO-SE 4

DO-SE 7   MA-MA 11

HAL-S 2   UL-I 61

G-UT

Denke dir lustige Autonummern aus!

HA-SE 9

IL-SE 3

ME-ER 52

Au au

RO-T 12

Was mag Fimu essen?

Hering mit Honig
Suppe mit Senf
Pudding mit Tomaten
Waffeln mit Wurst
Eis mit Paprika
Torte mit Gurke
Kakao mit Petersilie

P p

Eine Kette
aus Papierpuppen

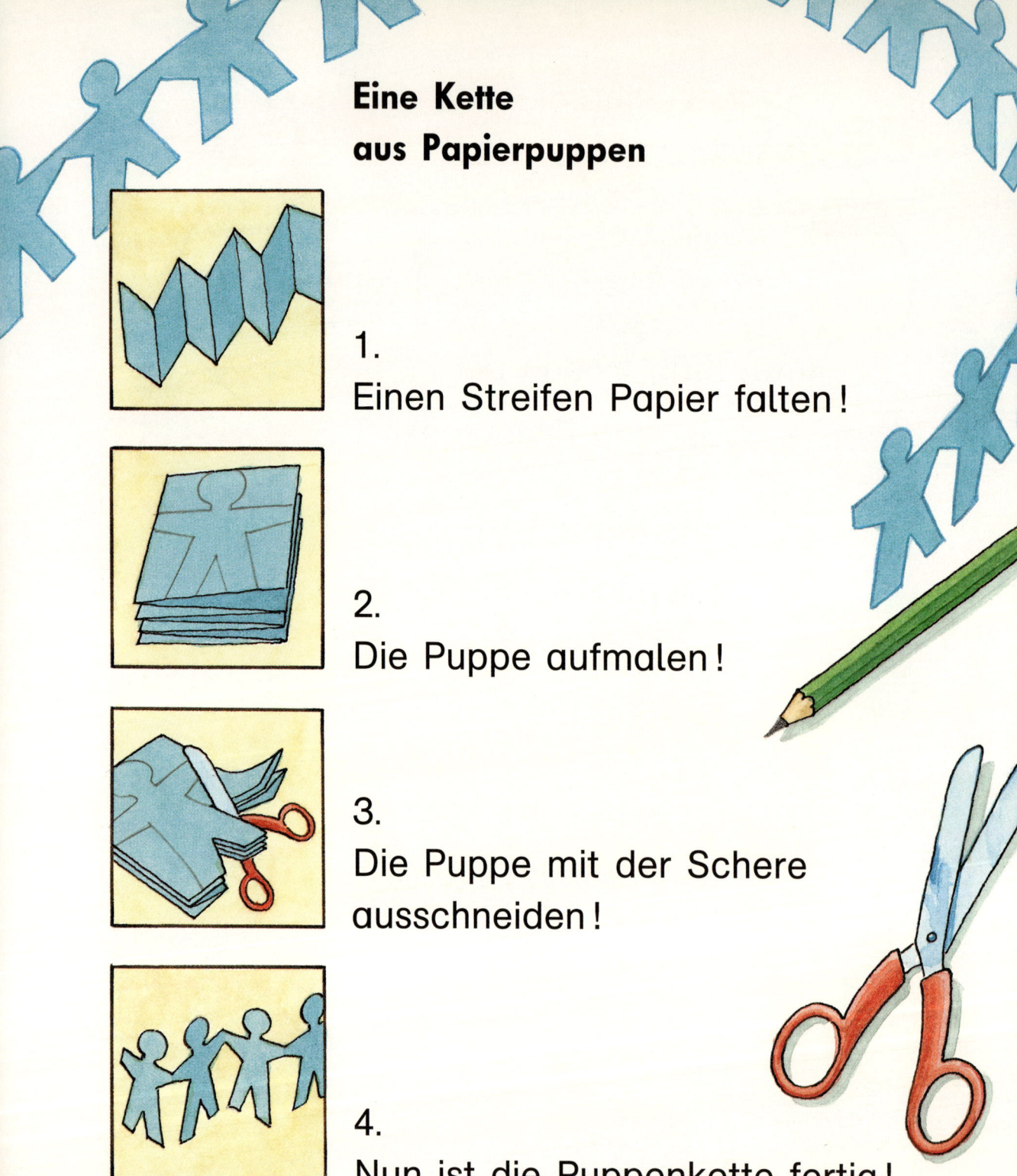

1.

Einen Streifen Papier falten!

2.

Die Puppe aufmalen!

3.

Die Puppe mit der Schere
ausschneiden!

4.

Nun ist die Puppenkette fertig!

ie

Wer will,
kann die Puppen anmalen.

Auf dem Schrank liegt ein Paket.
Was hat Vater nur gekauft?

Es ist ein Geheimnis.
Niemand will es Susi verraten.

Ratet mal, was in dem Paket ist!

Es ist eine **evitomokoL**!

Wer kann malen,
was in dem Paket ist?

Verkehrte Welt

Ein Seehund legt ein Ei.
Ein Huhn taucht im Meer.

Ein Regenwurm schwimmt im Teich.
Ein Frosch kriecht in der Erde.

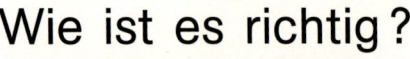

Ein Hase singt ein Lied.
Ein Vogel rennt im Wald.

„Das ist alles falsch", sagt Susi.
Wie ist es richtig?

ch

Hast du auch
so ein Bild von dir?
Bringe es mit.

Tim hat einen kleinen Bruder bekommen.
Sein Name ist Boris.

Tims Mutter war im Krankenhaus.
Dort wurde der kleine Boris geboren.

Tim ist sehr froh.
Er will Boris im Kinderwagen schieben.

In der Nacht schreit Boris oft.

B b

In der Nacht wacht Uli auf.
Es ist zwei Uhr.

Raschelt da nicht etwas am Fenster?
Was mag das sein?
Vielleicht ein Geist
oder ein Gespenst?

Uli denkt:
„Nein, die gibt es doch gar nicht!"
Er schleicht zum Fenster.
Und was sieht er?

Eine Katze sitzt vor dem Fenster
und putzt ihren Pelz!

Z z

Tim hat schrecklichen Durst.
Er entdeckt eine Flasche mit Saft.
Schnell ist sie leer.

Wohin nun mit der Flasche?
Zum Sammeln in den Keller bringen?
Ach, er ist schon so viel gelaufen!
Oder lieber in die Abfalltonne stecken?
Das geht schneller.

Was meinst du dazu?

ck

71

Was schwimmt? Was schwimmt nicht?

Schwimmt   ein Ball,

eine Kerze,

eine Tomate,

ein Nagel,

ein Korken,

eine Erbse,

ein Kamm,

ein Streichholz,

ein Jogurtbecher?

Was schwimmt?	Ja	Nein
Nagel		
Erbse		
Kamm		
Ball		

Was meint ihr? Ja oder Nein?
Probiert es aus!

J j

Rabulan, der Riese

Rabulan, der Riese,
mag so gern Gemüse.

Er sagt: „Gemüse ist gesund!",
und verzehrt aus diesem Grund

täglich einen Haselstrauch
und ein Fuder Rüben auch,

einen Kürbis obendrein;
denn er will bei Kräften sein.

Bei Ferdinand und Lieschen
tun's Äpfel, Salat und Radieschen.

Josef Guggenmos

ä ö ü

73

Was nun?

Susi und Uli spielen Fußball.
Das macht Spaß!

Uli steht im Tor.
Susi schießt den Ball auf das Tor.

Der Ball fliegt über den Zaun
und rollt auf die Straße.
Was nun?

ß

Wer weiß, wie es weitergeht?
Malt ein Bild und erzählt dazu!

In der Bücherei

Heute gehen Uli und Susi mit Vater
in die Bücherei.
Dort gibt es viele schöne Bücher.

Uli sucht sich ein Buch über Hexen aus:
Die Hexe weiß das Zauberwort.

„Kannst du das schon lesen?", fragt Susi.
„Ich will es einmal versuchen", antwortet Uli,
„sonst liest mir mein Vater daraus vor."

Susi nimmt sich Freunde mit.

Was liest du gerne?

Hurra, ich bin da!

Yvonne

56 cm 4250 g

Es freuen sich meine Eltern

Ulrike und Klaus May

Claudia Meyer
wird heute 60

Dazu gratulieren von Herzen

Tochter Mary, Schwiegersohn Gerd und die Enkelkinder
Petra mit Kurt, Heike mit Uwe, Frank mit Marieke und
Yvonne

Wir sind glücklich über
die Geburt unseres Sohnes

Marco

Corinna und
Hans-Jürgen Berensmann

Wir haben geheiratet

Carla
Thom-Seymann
geb. Thom

Hans-Jürgen
Seymann

Christophstraße 109 | Schwachhauser Ring 10

Zur Zeit verreist...

Susi und Uli sammeln Namen
mit Y und C.
Sie suchen in der Zeitung
und im Telefonbuch.

C c Y y

Welche Namen findest du?

Susis Traum

Heute Nacht flog ich hoch
über Bäume, Häuser und Zäune.
Ich saß bequem auf einem Kissen
und konnte alles gut sehen.

Aber da kam aus einer kleinen Hütte
dicker weißer Qualm.
Er zog über die ganze Welt.
Und denkt euch:
Auf der weißen Wolke
saßen hundert grüne Frösche
und quakten
ein lustiges Lied.

Ich musste laut lachen
und wachte auf.

Qu qu äu

KÄSE

EIS

RUTSCHBAHN

HANDSTAND

WALD

WOLKE

SONNE

MOND

BLUME

Rate mal!

Was hat keinen Anfang und kein Ende?

Sie hängt von der Decke herab und gibt Licht.

Er hat vier Beine. Er ist oft aus Holz. Auf ihm können Teller und ...... stehen.

Sie lebt im Wald und schläft den ganzen Tag. Aber in der Nacht ist sie wach. Dann jagt sie Mäuse und andere kleine Tiere.

Du hast immer zwei davon. Du kannst damit sogar durch Pfützen gehen und bekommst keine nassen Füße.

Wer ist wo zu Hause?

Bau

Baum

Netz

Wasser

Haus

?

Die Spinne
webt ein dünnes ...

Der Fuchs
sucht seinen ...

Die Schnecke
lebt in ihrem ...

Der Fisch
liebt das ...

Das Eichhörnchen
klettert auf den ...

Der Hase
mit der roten Nase

Es war einmal ein Hase
mit einer roten Nase
und einem blauen Ohr.
Das kommt ganz selten vor.

Die Tiere wunderten sich sehr:
Wo kam denn dieser Hase her?

Er hat im Gras gesessen
und still den Klee gefressen.

Und als der Fuchs vorbeigerannt,
hat er den Hasen nicht erkannt.

Da freute sich der Hase.
„Wie schön ist meine Nase
und auch mein blaues Ohr,
das kommt so selten vor."

Helme Heine

Der kleine  hat Geburtstag

Er hat alle seine Freunde eingeladen.

Der kleine  kommt.

Das kleine  kommt.

Der kleine  kommt auch.

Das kleine  kommt etwas später.

Die kleine  kann nicht kommen.

Sie hat Halsweh.

Das kleine  kann auch nicht kommen.

Es hat sich den Fuß verstaucht.

Ganz zuletzt kommen noch der ,

der 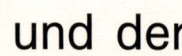 und der .

82

Sie essen und trinken und dann spielen sie.

Wer kann am besten klettern? Der .

Wer kann am besten brüllen? Der .

Wer kann am besten schwimmen? Das .

Wer kann am besten tauchen? Der .

Wer kann am besten trompeten? Der .

Wer kann am besten laufen? Das .

Der erzählt eine Geschichte,

die hört gar nicht auf.

Endlich ist sie aus.

Das hat Bauchweh,

und alle gehen nach  .

Franz Otto Schmaderer

Agel, Egel, Ogel, Ugel

Es waren einmal vier Igel.
Keiner von ihnen konnte das I sprechen.

Der erste sagte: „Ach ban an Agel."
Der zweite sagte: „Ech ben en Egel."
Der dritte sagte: „Och bon on Ogel."
Der vierte sagte: „Uch bun un Ugel."

Warum zanken Spatzen?

Warum zanken Spatzen?
Warum zanken Katzen?

Sie zanken sich, wer Recht hat.
Ob Körner rau sind oder glatt.

Ob Mäuse sehr schnell laufen
Ob Hunde gerne raufen.

Sie zanken, wer Letzter oder Erster war.
Sie zanken um alles, das ist klar.

Aber wenn sie dann endlich fertig sind,
vertragen sie sich ganz geschwind.

LAUT

Es kommt auch manchmal vor,
dass Vater und Mutter
verschiedener Meinung sind.
Dann sprechen sie darüber.
Ziemlich laut oft ...
Großmutter denkt dann immer,
die beiden zanken sich.
Doch das tun sie nicht.
„Wir wollen miteinander leben
und arbeiten",
sagt Mutter dann,
„Das heißt doch nicht,
dass wir immer
dieselbe Meinung haben."

Ingrid Bachér

Das wünsch' ich mir

Ich möcht' ein bisschen glücklich sein.
Ich möchte mich mit andern freun.
Ich wünsch' mir, dass mich jemand fragt:
„Wie geht es dir?", und einfach sagt:
„Ich mag dich und bin gern bei dir!"
Das wünsch' ich mir!

Rolf Krenzer

Ich auch?

Tim: Ich war einmal auf dem Land.

Timo: Ich auch.

Tim: Da kam ich zu einem Bauernhof.

Timo: Ich auch.

Tim: Da ging ich in den Stall.

Timo: Ich auch.

Tim: Da sah ich viele kleine Ferkel.

Timo: Ich auch.

Tim: Da stank es nach Mist.

Timo: …

Wetten?

Tina: Sag mal ganz oft
und schnell hintereinander:
Ein Schiff versinkt!

*Susi: Ein Schiff versinkt,
Sein Schiffer sinkt –*

Tina: Ich kann es schneller!

Susi: Da bin ich aber gespannt!

Tina: Blubb, blubb, blubb!

Kommt ein Riese

Kommt ein Riese auf die Wiese,
klatscht, so laut er kann,
alle Kinder klatschen, klatschen,
alle halten an.

Kommt ein Riese auf die Wiese,
hüpft so schnell er kann,
alle Kinder hüpfen, hüpfen,
alle halten an.

Kommt ein Riese auf die Wiese,
schleicht, so leis er kann,
alle Kinder schleichen, schleichen,
alle halten an.

Kommt ein Riese auf die Wiese,
lacht, so laut er kann,
alle Kinder lachen, lachen,
alle halten an.

Der Riese kann noch viel mehr:
laufen, springen, ...

Van der Geest

87

Tina geht mit ihrem Vater einkaufen

Sie kaufen: Eine **B**irne für den Nachtisch,
eine **B**irne für die Stehlampe.

Einen **H**ahn für den Bauernhof,
einen **H**ahn für das Bad.

Ein **Sch**loss für die Tür,
ein **Sch**loss für das Märchenspiel.

Einen **Sch**lauch für Tims Rad,
einen **Sch**lauch für den Garten.

Eine **K**ette fürs Fahrrad,
eine **K**ette für Nina.

Einen **St**rauß für Tinas Zoo,
einen **St**rauß für ...

Wer lacht mit?

Der Lehrer fragt beim Zoobesuch:
„Wer nennt mir fünf Tiere,
die in Afrika leben?" „Ich weiß es:
Drei Elefanten und zwei Löwen."

„Mutti, wann bin ich eigentlich
auf die Welt gekommen?"
„Am 16. August."
„So ein Zufall.
Genau an meinem Geburtstag!"

„Mami, weißt du,
wie viel Zahnpasta in einer Tube ist?"
„Nein, mein Lieber."
„Aber ich – fast drei Meter!"

Die Jahresuhr

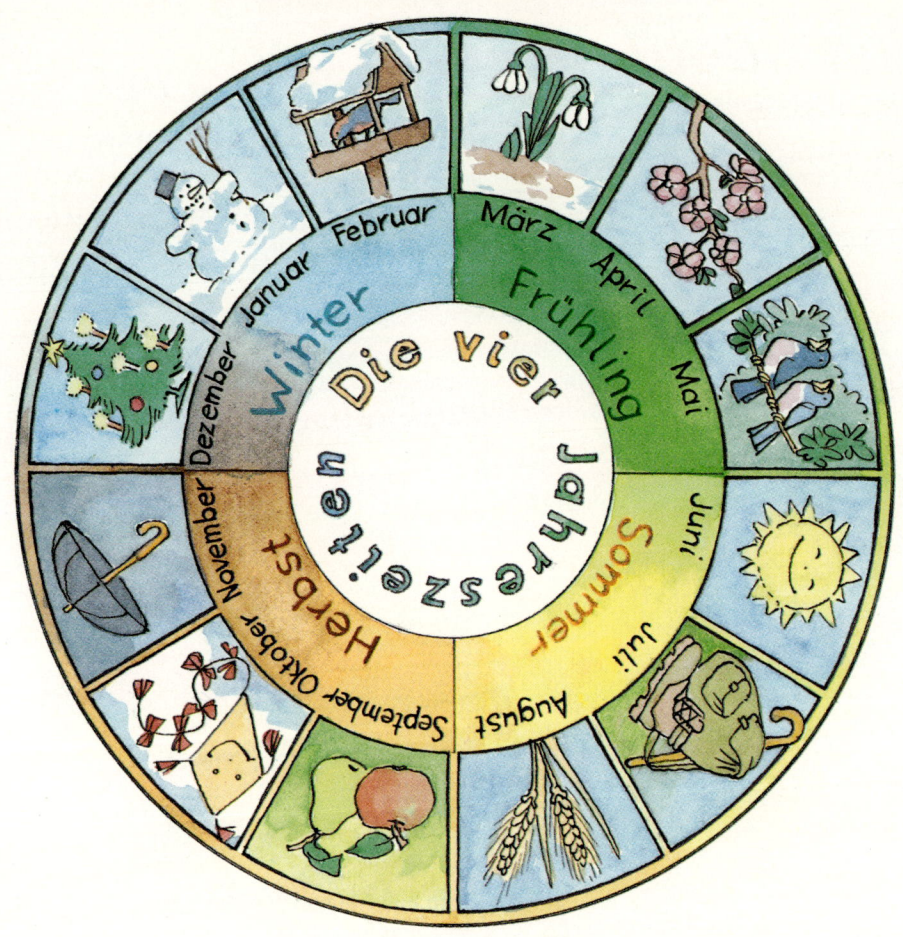

Welcher Tag ist heute?

Die Mutter braust sich ab.
Tim und Tina klopfen
an die Tür des Badezimmers.
„Mami, komm schnell!
Draußen steht ein Mann
und bemalt unser Haus!
Mit Blumen und Buchstaben!"

Vor Schreck dreht die Mutter
das kalte Wasser an.
„Na, wenn ich den erwische!"
Sie wickelt sich in das Badetuch
und stürzt an die Tür.
Niemand weit und breit
und keine Farbe an der Wand.

„Rate mal, welcher Tag heute ist",
lachen Tina und Tim.

Ein Osterhas' ...

Ein Osterhas',
der saß
im Gras.
Nur so.
Aus Spaß.

Da kam ein Huhn.
„Nun?
Viel zu tun?",
sprach das Huhn.

Osterhase tat
sehr wichtig.
„Dumme Frage!
Siehst du nicht,
wie ich mich plage?
Ostertage –
ohne mich?
Lächerlich!
Leb wohl,
ich muss mich beeilen."

Derweilen,
fast ohne Geschrei,
legte das brave Huhn
sein Osterei.

Edith Bergner

Wasser ist kostbar!

Ulis Vater wird nachts wach:
Da ist ein komisches Geräusch.
Was kann das sein? Er reibt sich die Augen
und steigt müde aus dem Bett.
Aha – Uli hat mal wieder die Dusche
nicht richtig abgestellt.
„Dieser Lümmel", denkt er.

Beim Frühstück stellt der Vater Uli ein Rätsel:
„Was ist das?" fragt er.
„Es ist in unserem Badezimmer
und macht nachts immer pitsch-patsch,
pitsch-patsch ...?"

„Hm", sagt Uli. „Etwa ein Einbrecher?
Oder ein Geist?"
Vater lacht. „Dann bist du wohl der Geist,
der wieder mal den Wasserhahn
nicht richtig zugedreht hat!"
„Na und", mault Uli.
„Wasser ist kostbar", sagt Vater.
„Wenn es Limonade wäre, hättest du bestimmt
keinen Tropfen verschwendet, stimmt's?!"

Der Regenbogen

Ein Regenbogen,
komm und schau!
Rot und orange,
gelb, grün und blau!

So herrliche Farben
kann keiner bezahlen,
sie über den halben
Himmel zu malen.

Ihn malte die Sonne
mit goldener Hand
auf eine wandernde
Regenwand.

Josef Guggenmos

Im Wald

Tim und Tina wandern mit ihren Eltern im Wald.
„Ob wir heute wohl einen Fuchs sehen?",
fragt Tina. „Wenn wir Füchse sehen wollen,
dann müssen wir lernen, wie die Indianer
zu gehen", antwortet Vater.
„Und wie geht ein Indianer?", fragt Tim.
„Indianer gehen ganz leise und vorsichtig.
Sie sprechen kein Wort, damit die Tiere
sie nicht hören und fortlaufen",
antwortet Mutter.
Plötzlich ruft Mutter: „Was ist denn das!
Das sieht ja schrecklich aus!"
Am Wegrand liegen eine leere Dose,
Bananenschalen, Papier, eine alte Zeitung
und eine Plastiktüte.
„Wer kann das nur gewesen sein?", fragt Tim.
„Von Umweltschutz haben die wohl
noch nichts gehört", meint Tina.
„Und was machen wir nun?"

lauter löwenzahnfall schirmspringer

ließen sich langsam durch die luft gleiten und landeten leise und leicht

Georg Bydlinski / Winfried Opgenoorth

Laterne, Laterne

Ich geh' mit meiner Laterne
und meine Laterne mit mir.
Da oben leuchten die Sterne
und unten leuchten wir.

Mein Licht ist aus,
wir gehn nach Haus,
rabimmel, rabammel, rabumm.

Die Heilige Nacht

Christkind lacht,
Maria wacht,
die Engel singen.
Die Hirten bringen

Nüsse und Äpfel dem Kind.
Flocken treiben im Wind
und das Christkind lacht.
Das ist die Heilige Nacht.

nach Erich Colberg

Der kleine Drache

Dagobert war ein kleiner Drache, der sich so gern
mit den anderen Tieren anfreunden wollte.
Aber sie wollten von ihm nichts wissen.

Die Tiere machten einen Spaziergang
und Dagobert spazierte hinter ihnen her.
Es war ein langer Spaziergang
und bald taten ihnen die Füße weh.
„Ich bin müde", sagte Zillie, die Ziege.
„Ich auch", sagte Herta, die Henne.
„Springt auf meinen Rücken!", sagte Elias, der Elefant.
„Ihr könnt auf mir reiten."
„Ich wollte, ich könnte euch auch helfen", sagte Dagobert.
„Aber niemand will auf meinem Rücken reiten."

Dann wurden die Tiere hungrig.
„Ich bin hungrig", sagte Elias, der Elefant.
„Ich auch", sagte Zillie, die Ziege.
„Ich will ein paar Eier legen", sagte Herta, die Henne.
Und das tat sie – und alle hatten etwas zu essen.
„Ich wollte, ich könnte euch auch helfen",
sagte Dagobert.

Später wurden die Tiere durstig.
„Ich bin durstig", sagte Herta, die Henne.
„Ich auch", sagte Elias, der Elefant.
„Ich kann euch Milch geben", sagte Zillie.
Und das tat sie – und alle hatten etwas zu trinken.
„Ich wollte, ich könnte euch auch helfen",
sagte Dagobert.

Dann erhob sich ein kalter Wind.
„Brrr! Mir ist kalt!", sagte Elias, der Elefant.
„Brrr! Mich friert!", sagte Zillie, die Ziege.
„Brrr! Mich auch", sagte Herta, die Henne.
„Ich kann Feuer blasen und euch wärmen",
sagte Dagobert.
Und er blies und blies,
bis alle Tiere sich mollig warm fühlten.
„Seht ihr, auch Dagobert kann helfen",
sagten die anderen Tiere.

Und so wurde Dagobert,
der freundliche kleine Drache,
doch noch glücklich.

Die Sterntaler

Es war einmal ein kleines Mädchen,
dem waren Vater und Mutter gestorben.
Es war so arm, dass es kein Zimmer mehr hatte,
in dem es wohnen, und kein Bett mehr,
in dem es schlafen konnte.
Es hatte nur noch die Kleider auf dem Leib
und ein Stückchen Brot in der Hand,
das ihm ein mitleidiges Herz geschenkt hatte.
Das Mädchen war aber gut und fromm.
Und weil es so allein war,
ging es hinaus in die Welt.
Da begegnete ihm ein armer Mann, der sprach:
„Ach gib mir etwas zu essen,
ich bin so hungrig." Das kleine Mädchen
reichte ihm das ganze Stückchen Brot
und ging weiter. Bald danach kam ein Kind
und bat um ein Hemd.
Das fromme Mädchen dachte:
„Es ist dunkle Nacht, da sieht dich niemand."
Es zog das Hemd aus und verschenkte es.
Und wie es so stand und gar nichts mehr hatte,
fielen auf einmal die Sterne vom Himmel,
das waren lauter harte blanke Taler.
Und obwohl es sein Hemd weggegeben hatte,
so hatte es nun ein neues an,
das war aus allerfeinstem Stoff.
Da sammelte das kleine Mädchen die Taler hinein
und war reich sein Leben lang.

Inhaltsverzeichnis

Der ABC-Fuchs weist folgende Gliederung auf:

Texte des Leselehrgangs: Sie dienen zur Einführung der neuen Buchstaben und Laute und sind die Grundlage im Unterricht.

Texte zur Freien Arbeit im offenen Unterricht: Sie dienen der Ergänzung des Leselehrgangs und bieten Möglichkeitender Differenzierung und der Freiarbeit. Verweise auf diese Seiten enthält sowohl der Leselehrgang als auch das Inhaltsverzeichnis.

Texte zum weiterführenden Lesen: Sie sind als Angebote zu verstehen und stellen unterschiedliche Textsorten vor.

Der ABC-Fuchs

eine Fibel für das Lesenlernen
im offenen Unterricht

erarbeitet von
Peter und Ursula Dassau
Karl Wolfgang Walther

Illustrationen: Rolf Bunse

Beratung:

Gertrud Christophersen	Elfriede Schwotzer
Sigrid Kienle	Brigitte Sowodniok
Annegret Korte	Sabine Trautmann
Bernd Merkle	Franz-Josef Wolf

Zum Leselehrwerk **Der ABC-Fuchs** gehören:

Fibel	251
Übungen	251001
Schreiblehrgänge	
Druckschrift	251002
Lateinische Ausgangsschrift	251003
Vereinfachte Ausgangsschrift	251004
Schulausgangsschrift	251005
Lesen und schreiben	
Arbeitsheft mit Schulausgangsschrift	251009
Kopiervorlagen	251006
Lehrerband	251008

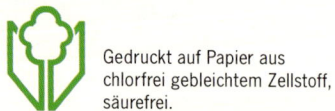

Gedruckt auf Papier aus
chlorfrei gebleichtem Zellstoff,
säurefrei.

1. Auflage   1 5 4 3 2 1 | 2001 00 99 98 97

Dieses Werk folgt der reformierten Rechtschreibung
und Zeichensetzung. Alle Drucke dieser Auflage
können im Unterricht nebeneinander benutzt wer-
den, sie sind untereinander unverändert.
Die letzte Zahl bezeichnet das Jahr dieses Druckes.
© Ernst Klett Grundschulverlag GmbH, Leipzig 1997.
Alle Rechte vorbehalten.

Umschlag: Mit Motiven von Rolf Bunse, Aachen
Satz: Setzerei Lihs, Ludwigsburg
Druck: Appl, Wemding

ISBN 3-12-251000-6

Verfasser und Quellenhinweise

Guggenmos, Josef: Rabulan, der Riese (S. 73).
Aus: Was denkt die Maus am Donnerstag?
Georg Bitter Verlag, Recklinghausen 1967
(leicht geändert). **Heine, Helme:** Der Hase
mit der roten Nase (S. 81). Ein Middelhauve-
Bilderbuch. Gertraud Middelhauve Verlag,
Köln und Zürich 1987. **Schmaderer, Franz Otto:**
Der kleine Bär hat Geburtstag (S. 82/83).
Aus: Kunschak, Erika: Frohes Lernen (Neu-
fassung). Ausgabe Bayern. 2. Teil: Lesebuch.
Österreichischer Bundesverlag, Wien 1989.
Bachér, Ingrid: Laut (S. 85). Aus: Das war
doch immer so. Beltz Verlag, Weinheim und
Basel. **Krenzer, Rolf:** Das wünsch' ich mir
(S. 85). Aus: Krenzer, Rolf: Hallo, Tag – Mein
Kalenderbuch. Lahn-Verlag, Limburg 1990.
Van der Geest: Kommt ein Riese (S. 87).
Aus: Lustig, Inge/Ruzicka, Ruth (Hrsg.): Der
Kinderbaum. Annette Betz Verlag, München
1976. **Bergner, Edith:** Ein Osterhas' … (S. 91).
Aus: Lesebuch 2. Volkseigener Verlag, Berlin
1983. **Guggenmos, Josef:** Der Regenbogen
(S. 93). Aus: Was denkt die Maus am Don-
nerstag? Georg Bitter Verlag, Recklinghau-
sen 1967. **Bydlinski, Georg/Opgenoorth,
Winfried:** Mit einem abgeblühten Löwen-
zahn (S. 95). Aus: Macht die Erde nicht
kaputt. Geschichten für Kinder über uns
und unsere Welt. Herder & Co., Wien 1984.
Der kleine Drache (S. 98/99). Aus: Das kluge
Kätzchen. Neuer Tessloff Verlag, Nürnberg.

Abbildungsnachweis

S. 8, 9 16, 17 Fotos: Holger Klaes, Wupper-
tal. **S. 32** Foto: Harald Dannenmayer, Karls-
ruhe. **S. 33, 45, 46, 47, 50, 64, 67, 72, 75**
Fotos: Ulli Reinker, Düsseldorf. **S. 56** Foto
Mitte: Naturbild AG, Kiepke (Frankfurt).
Oben rechts: Naturbild AG, Kurz (Frankfurt).
Unten rechts: NAS/Y, Momatiuk/Okapia
(Frankfurt). Unten links: W. Irsch/Okapia
(Frankfurt). Oben links: Fritz Pölking GDT
(Frankfurt). **S. 61, 69, 96** Fotos: Marie-Luise
Manthei, Aachen. **S. 80** Foto oben: Hans
Reinhard/Okapia, (Frankfurt). Rechts: Natur-
bild AG, Helbing (Frankfurt). Darunter:
Naturbild AG, Schacke (Frankfurt). Links:
Harald Dannenmayer, Karlsruhe. Darüber:
Hans Reinhard/Okapia, (Frankfurt). **S. 81**
Illustration aus: Helme Heine, Der Hase mit
der roten Nase. **S. 87** Illustration: Margret
Rettich. Aus: Der Kinderbaum, Annette Betz
Verlag. **S. 94** Foto: Lars Wynands, Bielefeld.
S. 97 Alfons Rudolph, Aichwald.